Ma chère Grace
avec grand
amour

Paris 12·10·2019

XXX

GW00702899

PHILIPPE JACCOTTET

Cahier
de verdure

suivi de

Après beaucoup d'années

GALLIMARD

CAHIER DE VERDURE

Le cerisier

Je pense quelquefois que si j'écris encore, c'est, ou ce devrait être avant tout pour rassembler les fragments, plus ou moins lumineux et probants, d'une joie dont on serait tenté de croire qu'elle a explosé un jour, il y a longtemps, comme une étoile intérieure, et répandu sa poussière en nous. Qu'un peu de cette poussière s'allume dans un regard, c'est sans doute ce qui nous trouble, nous enchante ou nous égare le plus ; mais c'est, tout bien réfléchi, moins étrange que de surprendre son éclat, ou le reflet de cet éclat fragmenté, dans la nature. Du moins ces reflets auront-ils été pour moi l'origine de bien des rêveries, pas toujours absolument infertiles.

Cette fois, il s'agissait d'un cerisier ; non pas d'un cerisier en fleurs, qui nous parle un langage limpide ; mais d'un cerisier chargé de fruits, aperçu un soir de juin, de l'autre côté d'un grand champ de blé. C'était une fois de plus comme si quelqu'un était apparu là-bas et vous parlait, mais sans vous parler, sans vous faire aucun signe ; quelqu'un, ou plutôt quelque chose, et une « chose belle » certes ; mais, alors que, s'il s'était agi d'une figure humaine, d'une promeneuse, à ma joie se fussent mêlés du trouble et le besoin, bientôt, de courir à elle, de la rejoindre, d'abord incapable de parler, et pas seulement pour avoir trop couru, puis de l'écouter, de répondre, de la prendre au filet de mes paroles ou de me prendre à celui des siennes — et eût commencé, avec un peu de chance, une tout autre histoire, dans un mélange, plus ou moins stable, de lumière et d'ombre ; alors qu'une nouvelle histoire d'amour eût commencé là comme un nouveau ruisseau né d'une source neuve, au printemps — pour ce cerisier, je n'éprouvais nul désir de le rejoindre, de le conquérir, de le posséder ; ou plutôt : c'était fait, j'avais été rejoint, conquis, je n'avais absolument rien à attendre, à demander de plus ; il s'agissait d'une autre espèce d'histoire, de rencontre, de parole. Plus difficile encore à saisir.

Le sûr, c'est que ce même cerisier, extrait, abstrait de son lieu, ne m'aurait pas dit grand-chose, pas la même chose en tout cas. Non plus si je l'avais surpris à un autre moment du jour. Peut-être aussi serait-il resté muet, si j'avais voulu le chercher, l'interroger. (Certains pensent que « le ciel se détourne » de ceux qui le fatiguent de leur attente, de leurs prières. Si l'on prenait ces mots au pied de la lettre, quel grincement de gonds cela ferait à nos oreilles…)

J'essaie de me rappeler de mon mieux, et d'abord, que c'était le soir, assez tard même, longtemps après le coucher du soleil, à cette heure où la lumière se prolonge au-delà de ce qu'on espérait, avant que l'obscurité ne l'emporte définitivement, ce qui est de toute manière une grâce ; parce qu'un délai est accordé, une séparation retardée, un sourd déchirement atténué — comme quand, il y a longtemps de cela, quelqu'un apportait une lampe à votre chevet pour éloigner les fantômes. C'est aussi une heure où cette lumière survivante, son foyer n'étant plus visible, semble émaner de l'intérieur des choses et monter du sol ; et, ce soir-là, du chemin de terre que nous suivions ou plutôt du champ de blé déjà haut mais encore de couleur verte, presque métallique, de sorte qu'on pensait un instant à une lame, comme s'il ressemblait à la faux qui allait le trancher.

Il se produisait donc une espèce de métamorphose : ce sol qui devenait de la lumière ; ce blé qui évoquait l'acier. En même temps, c'était comme si les contraires se rapprochaient, se fondaient, dans ce moment, lui-même, de transition du jour à la nuit où la lune, telle une vestale, allait venir relayer le soleil athlétique. Ainsi nous trouvions-nous reconduits, non pas d'une poigne autoritaire ou par le fouet de la foudre, mais sous une pression presque imperceptible et tendre comme une caresse, très loin en arrière dans le temps, et tout au fond de nous, vers cet âge imaginaire où le plus proche et le plus lointain étaient encore liés, de sorte que le monde offrait les apparences rassurantes d'une maison ou même, quelquefois, d'un temple, et la vie celles d'une musique. Je crois que c'était le reflet très affaibli de cela qui me parvenait encore, comme nous parvient cette lumière si vieille que les astronomes l'ont appelée «fossile». Nous marchions dans une grande maison aux portes ouvertes, qu'une lampe invisible éclairait sourdement; le ciel était comme une paroi de verre vibrant à peine au passage de l'air rafraîchi. Les chemins étaient ceux d'une maison; l'herbe et la faux ne faisaient plus qu'un; le silence était moins rompu qu'agrandi par l'aboi d'un chien et les derniers faibles cris des oiseaux. Un vantail plaqué d'une mince couche d'argent avait tourné vers nous son miroitement. C'est alors, c'est là qu'était apparu, relativement loin, de l'autre côté, à la lisière du champ, parmi d'autres arbres de plus en plus sombres et qui seraient bientôt plus noirs que la nuit abritant leur sommeil de feuilles et d'oiseaux, ce grand cerisier chargé de cerises. Ses fruits étaient comme une longue grappe de rouge, une coulée de rouge, dans du vert sombre ; des fruits dans un berceau ou une corbeille de feuilles ; du rouge dans du vert, à l'heure du glissement des choses les unes dans les autres, à l'heure d'une lente et silencieuse apparence de métamorphose, à l'heure de l'apparition, presque, d'un autre monde. L'heure où quelque chose semble tourner comme une porte sur ses gonds.

Que pouvait être ce rouge pour me surprendre, me réjouir à ce point ? Sûrement pas du sang ; si l'arbre debout sur l'autre bord du champ avait été blessé, avait eu le corps ainsi taché, je n'en aurais éprouvé que de l'effroi. Mais je ne suis pas de ceux qui pensent que les arbres saignent, et qui s'émeuvent autant d'une branche coupée que d'un homme meurtri. C'était plutôt comme du feu. Rien ne brûlait pourtant. (J'avais toujours aimé les feux dans les jardins, dans les champs : c'est à la fois de la lumière et de la chaleur, mais aussi, parce que cela bouge, se démène et mord, une espèce de bête sauvage ; et, plus profondément, plus inexplicablement, une sorte d'ouverture dans la terre, une trouée dans les barrières de l'espace, une chose difficile à suivre où elle semble vouloir vous mener, comme si la flamme n'était plus tout à fait de ce monde : dérobée, rétive, et par là même source de joie. Ces feux

15

brûlent encore dans ma mémoire, il me semble, en ce moment même, que je passe près d'eux. On dirait que quelqu'un les a semés au hasard dans la campagne et qu'ils se mettent à fleurir tous à la fois, avec l'hiver. Je ne puis en détacher les yeux. Est-ce que, sans même y penser, je sais qu'ils se nourrissent, en crépitant, de feuilles mortes ? Ce sont des arbres brefs que le vent secoue. Ou des renards, compagnons fauves.)

Mais ce rouge là-bas ne brûlait pas, ne crépitait pas ; ce n'était même pas de la braise, comme il en reste, éparse, dans les lointains, à la fin du jour. Au lieu de monter comme les flammes, cela coulait ou pendait, une grappe, des pendeloques de rouge, ou de pourpre ; dans l'abri des verdures très sombres. Ou tout de même, parce que cela éclairait et réchauffait, parce que cela semblait venir de loin, faut-il dire que c'était comme du feu suspendu, qui ne déchirerait ni ne mordrait, qui serait mêlé à de l'eau, contenu dans des sortes de globes humides, adouci, dompté ? Comme une flamme dans une veilleuse de verre ? Une grappe de feu apprivoisé, marié à de l'eau nocturne, à de la nuit en formation, imminente mais pas encore advenue ?

Une douceur sans limites frémissait sur tout cela comme un souffle d'air, fraîchissant à l'approche de la nuit. Je crois que notre écorce, plus rugueuse d'année en année, s'est assouplie pendant quelques instants, comme la terre dégèle et laisse l'eau nouvelle sourdre à sa surface.

Il y avait un lien des feuilles avec la nuit et la rivière plus lointaine, que l'on n'entendait pas ; il y en avait un des fruits avec le feu, la lumière. Ce qui nous avait arrêtés et semblait nous parler sur l'autre bord du champ froissé par le vent comme une rivière pâle, ressemblait un peu, sans cesser d'être un cerisier chargé de fruits dont, en approchant, j'aurais pu reconnaître la variété — de même que rien autour de nous ne cessait d'être chemin, champs et ciel —, à un petit monument naturel qui se serait trouvé soudain éclairé en son cœur par l'huile d'une offrande, une sorte de pilier mais capable de frémir, même si à ce moment-là il paraissait absolument immobile — orné, pour une remémoration, d'une grappe de fruits, de feu apprivoisé ; si bien qu'à sa vue, alors qu'on avait cru seulement marcher sur les chemins trop familiers, tout changeait, tout prenait un sens différent, ou un sens tout court ; ainsi, quand un chant s'élève dans une salle, ou une simple parole, pas n'importe laquelle toutefois, dans une chambre, ce sont toujours la même salle, la même chambre, on n'en est pas sorti, pas plus qu'on n'a cessé d'être en proie au minutieux travail du temps destructeur, et néanmoins quelque chose d'essentiel semble avoir changé. Ce soir-là, peut-être que, sans en prendre conscience, je sentais que du temps, des heures pendant lesquelles moi-même j'avais vécu, c'est-à-dire du jour, mais aussi de la nuit, avaient pénétré lentement dans ces fruits pour les arrondir et finalement les empourprer ; qu'ils contenaient en suspens tout cela, eux-mêmes suspendus dans leur abri de feuilles, comme couvés par ces ailes vertes, mais bientôt noires et plus noires que le ciel au bas duquel elles frémissaient, dans leur sommeil, à peine...

J'aurais été mieux avisé d'aller cueillir ces fruits, pensera-t-on, et de ne pas faire tant de cérémonies. Mais je sais aussi les cueillir, j'aime leur éclat en plein jour, leur rondeur de joues saines, leur goût parfois acide, parfois aqueux, leur écarlate. C'est une autre histoire, simplement : dans la chaleur du jour, en plein soleil, avec vite un désir de mordre dans d'autres fruits, des échelles où ce ne sont pas des anges qui montent vers le ciel éblouissant de ce début d'été, mais beaucoup mieux que des anges...

Une couleur dans une autre, à un moment de passage, où l'on passe un relais — l'athlète solaire à la vestale qui semble plus lente que lui — ; comme un cœur, comme le Sacré-Cœur du Christ sur les images saintes ?

Le buisson ardent.

Un feu, dans l'abri de ces feuilles, elles-mêmes plutôt couleur de sommeil. Paisibles, apaisantes. Un plumage d'oiseau maternel.

Œufs pourpres couvés sous ces plumes sombres.

Une fête lointaine, sous des arceaux de feuilles. À distance, à toujours plus grande distance.

Tantale ? Oui, si ces fruits étaient des seins. Mais ils n'en sont pas même l'image.

Conseils venus du dehors : certains lieux, certains moments nous « inclinent », il y a comme une pression de la main, d'une main invisible, qui vous incite à changer de direction (des pas, du regard, de la pensée) ; cette main pourrait être aussi un souffle, comme celui qui oriente les feuilles, les nuages, les voiliers. Une insinuation, à voix très basse, comme de qui murmure : regarde, ou écoute, ou simplement : attends. Mais a-t-on encore le temps d'attendre, la patience d'attendre ? Et puis, s'agit-il vraiment d'attendre ?

S'est-il rien passé ?

Une flamme entre deux paumes, qu'elle éclaire, tiédit. Une lanterne sourde. Quelle plus belle enseigne, pour une meilleure auberge? Où il ne serait pas besoin d'entrer pour se sentir à l'abri, pas besoin de boire pour être désaltéré?

«Au cerisier chargé de fruits.» Bizarre enseigne, quoique belle, et drôle de voyageur, guidé et nourri par des mirages! N'a-t-il pas l'air un peu hagard, à force, ne te semble-t-il pas amaigri? Que le vent qui lui rappelle en ce début de nuit d'été d'anciennes caresses forcisse et se déchaîne, j'ai peur qu'il ne puisse lui tenir tête longtemps. On ne se protège pas de l'âge avec des souvenirs ou avec des rêves. Même pas peut-être avec des prières. Mais qui vous a jamais rien promis? Du moins, plus que ces leurres si beaux qu'ils vous enlèvent le sommeil? Trop beaux pourtant, continue-t-il presque maniaquement à penser, pour n'être que des leurres.

Cahier de verdure

Rose, soudain comme une rose
apparue à la saison froide.

Il n'y a pas de neige,
mais beaucoup d'eau vaillante dans les roches
et des violettes en plein sentier.

De l'eau verte à cause de l'herbe.

Rose, portière de l'année.

Comme la rose furtive à la joue,
la neige qui s'efface avant de toucher le sol,
bienfaisante.

Cette combe verte, sans fleurs et sans oiseaux, suspendue, cette espèce de terrasse verte, au-dessus de laquelle passent les nuages rapides surgis comme des troupeaux du gouffre invisible et froid creusé derrière, ces pâturages où il n'y a plus de bétail depuis longtemps.

Dans la lumière brillante qui, à contre-jour, s'embrume, cette sorte de hamac d'herbe, l'air vif dans les hauteurs et doux près du sol, la bergerie d'ivoire usé comme une lampe restée allumée en plein jour, comme la lune, justement, que l'on devine, le sein laiteux.

Allez encore vers ces lacs de montagne qui sont comme des prés changés en émeraudes. Peut-être n'y boira-t-on plus, peut-être est-ce pour cela qu'on les voit maintenant. Il y a des émeraudes dans la montagne comme on y croise des bêtes fuyantes. Et le printemps est poussière lumineuse.

BLASON VERT ET BLANC

Autre chose vue au retour d'une longue marche sous la pluie, à travers la portière embuée d'une voiture : ce petit verger de cognassiers protégé du vent par une levée de terre herbue, en avril.

Je me suis dit (et je me le redirai plus tard devant les mêmes arbres en d'autres lieux) qu'il n'était rien de plus beau, quand il fleurit, que cet arbre-là. J'avais peut-être oublié les pommiers, les poiriers de mon pays natal.

Il paraît qu'on n'a plus le droit d'employer le mot beauté. C'est vrai qu'il est terriblement usé. Je connais bien la chose, pourtant. N'empêche que ce jugement sur des arbres est étrange, quand on y pense. Pour moi, qui décidément ne comprends pas grand-chose au monde, j'en viens à me demander si la chose « la plus belle », ressentie instinctivement comme telle, n'est pas la chose la plus proche du secret de ce monde, la traduction la plus fidèle du message qu'on croirait parfois lancé dans l'air jusqu'à nous ; ou, si l'on veut, l'ouverture la plus juste sur ce qui ne peut être saisi autrement, sur cette sorte d'espace où l'on ne peut entrer mais qu'elle dévoile un instant. Si ce n'était pas quelque chose comme cela, nous serions bien fous de nous y laisser prendre.

Je regardais, je m'attardais dans mon souvenir. Cette floraison différait de celles des cerisiers et des amandiers. Elle n'évoquait ni des ailes, ni des essaims, ni de la neige. L'ensemble, fleurs et feuilles, avait quelque chose de plus solide, de plus simple, de plus calme ; de plus épais aussi, de plus opaque. Cela ne vibrait ni ne frémissait comme oiseaux avant l'envol ; cela ne semblait pas non plus commencer, naître ou sourdre, comme ce qui serait gros d'une annonce, d'une promesse, d'un avenir. C'était là, simplement. Présent, tranquille, indéniable. Et, bien que cette floraison ne fût guère plus durable que les autres, elle ne donnait au regard, au cœur, nulle impression de fragilité, de fugacité. Sous ces branches-là, dans cette ombre, il n'y avait pas de place pour la mélancolie.

Vert et blanc. C'est le blason de ce verger.

Rêvant, réfléchissant à ces deux couleurs, il m'est revenu à l'esprit à un moment donné la *Vita nova*, ce petit livre auquel j'avais repensé déjà quand j'ébauchais des espèces de madrigaux à l'enseigne d'un autre génie italien, plus tardif : Claudio Monteverdi. Ce titre, en effet, me suggérait l'image de jeunes dames, aussi nobles d'esprit que pures de cœur, réunies en groupes comme des musiciennes, marchant et devisant, tour à tour graves et rieuses, pures mais pas du tout désincarnées, très désirables sœurs des anges partout présents dans la peinture d'alors. Et je les voyais, ces jeunes femmes, vêtues de robes blanches brodées de vert comme il me semblait que l'était la figure du Printemps qui orne le frontispice du fragment d'*Hypérion* dans l'édition de 1957 (peinture grecque, sauf erreur, où, sur la reproduction du moins, la jeune femme, si elle cueille une fleur blanche sur un fond de prairie verte, porte une robe d'un ton plutôt jaune), ou celle de la Flore du *Printemps* de Botticelli, avec sa couronne et son col de fleurs (et le texte même de Hölderlin n'était pas sans rappeler, par sa noblesse juvénile, celui de la *Vita nova*).

Mais quand j'ai relu ce dernier livre, j'ai constaté, non sans étonnement, qu'à l'exception de la robe rouge sang dans laquelle Béatrice apparaît à Dante par deux fois, et la seconde en rêve, il n'y a pas, dans tout le récit, une seule mention de couleur en dehors du blanc, qui n'en est pas une. Le texte est beaucoup plus sévère, plus insaisissable que ne l'avait fait mon souvenir. Cette absence de couleurs ne le rend pas exsangue pour autant. On le dirait écrit dans une langue de verre, une langue diaphane ; on croirait entendre une fugue de verre où rien n'empêcherait jamais le passage d'une lumière tendre, déchirante quelquefois parce que lointaine, insaisie. Et la seule comparaison proprement dite, avec un de ses deux termes emprunté au concret, qui s'y trouve, c'est, au chapitre XVIII : « *Et comme quelquefois nous voyons tomber l'eau mêlée de belle neige, de même il me semblait voir leurs paroles sortir mêlées de soupirs* », donc un recours à la matière la plus légère, la plus limpide, à laquelle ne sont pas par hasard comparées des paroles ; pas plus que ce n'est un hasard si, dès le début du chapitre suivant, comme en écho, Dante écrit : « *Il advint ensuite que, passant par un chemin le long duquel s'en allait un ruisseau très clair, me saisit une telle volonté de dire que je me mis à penser à la manière de m'y prendre...* » Tout, d'ailleurs, ici, n'est que pas et paroles. Dante passe, et parle ; il entend rire, pleurer, parler. Il ne fera pas autre chose dans *La Divine Comédie*, dans un paysage infiniment plus ample et plus âpre ; mais le pas sera plus ferme, les rencontres beaucoup plus diverses et plus graves, les paroles plus sûres aussi, plus profondes, plus pleines.

Il a bien fallu m'approcher de ces arbres. Leurs fleurs blanches, à peine teintées de rose, m'ont fait penser tour à tour à de la cire, à de l'ivoire, à du lait. Étaient-elles des sceaux de cire, des médailles d'ivoire suspendues dans cette chambre verte, dans cette maison tranquille ?

Elles m'ont fait penser aussi aux fleurs de cire que l'on voyait autrefois sous des cloches de verre dans les églises, ornements moins périssables que les vrais bouquets ; après quoi, tout naturellement, ce verger « *simple et tranquille* » comme la vie que le Gaspard Hauser de Verlaine rêve du fond de sa prison, m'est apparu lui-même telle une chapelle blanche dans la verdure, un simple oratoire en bordure de chemin où un bouquet de fleurs des champs continue à prier tout seul, sans voix, pour le passant qui l'y a déposé un jour, d'une main pieuse ou peut-être distraite, parce qu'il appréhendait une peine ou marchait vers un plaisir.

Vert et blanc.

« Oui, c'était alors que les simples et belles bergeronnettes allaient de vallée en vallée et de colline en colline, en tresse et en cheveux, sans autres habits que ceux qui étaient nécessaires pour couvrir honnêtement ce que l'honnêteté veut et a toujours voulu qui se couvrît ; et leurs ornements [...], c'étaient quelques feuilles de verte bardane et de lierre entrelacées... »

31

Ainsi Don Quichotte évoque-t-il l'Âge d'or devant les bergers ébahis. Plus tard, au sortir d'une fâcheuse aventure de barque qu'il a crue enchantée, sur l'Èbre, il sera consolé par la rencontre d'une belle chasseresse : « *Il arriva donc que le jour suivant, au coucher du soleil et au sortir d'une forêt, Don Quichotte jeta la vue sur un pré verdoyant, au bout duquel il aperçut plusieurs personnes ; s'étant approché de plus près, il reconnut que c'étaient des chasseurs de haut vol. Il s'approcha encore et vit une gentille dame montée sur un palefroi ou haquenée toute blanche qui avait un harnais vert et une selle de toile d'argent. Cette dame était pareillement vêtue de vert...* »

Nostalgie de l'Âge d'or, pastorales, idylles : il n'était pas absurde que, devant cet autre verger, la rêverie m'y eût conduit. Cervantès le premier s'en gausse, mais il met trop d'art à les recréer pour qu'il en ait tout à fait perdu le goût. Bien sûr, le désenchantement de Dulcinée n'est pas l'œuvre de magiciens perfides, mais celle du regard mûr, lucide, objectif ; c'est cette même désillusion qui, aggravée, conduira plus tard Leopardi aux confins du désespoir. Néanmoins, l'enchantement existe, il se produit encore, même dans ce qui peut sembler la période la plus implacable de notre histoire ; nous en avons été les bénéficiaires (les victimes, si l'on veut), on ne peut pas encore en écarter du monde le rêve, ou le souvenir. Le triomphe de Flore est-il moins réel que sa déroute, ou seulement plus bref ? C'est un char qui s'avance sur un chemin, orné de chants et de rires, et que l'on ne peut empêcher de disparaître à l'angle du bois ; on y est monté soi-même, tel déjà lointain jour d'été. Parce qu'il ne s'arrête pas, parce que la fête prend fin, parce que musiciens et danseurs, tôt ou tard, cessent de jouer et de danser, faut-il en refuser les dons, en bafouer la grâce ?

Vert et blanc : couleurs heureuses entre toutes les couleurs, mais plus proches de la nature que les autres, couleurs champêtres, féminines, profondes, fraîches et pures, couleurs moins sourdes que réservées, couleurs qui semblent plutôt paisibles, rassurantes…

Ainsi de vagues images, venues du monde réel ou de vieux livres, se mêlaient-elles à plaisir dans mon esprit. Des figures féminines s'y distinguaient à peine des fleurs ou des feuilles dont leurs robes et leurs chevelures étaient ornées ; elles ne demandaient qu'à vous entraîner dans leurs rondes, à vous envelopper de leurs chants pour vous mettre à l'abri des coups, vous guérir des blessures ; enveloppantes, guérissantes, oui, tout à fait comme Zerline l'est pour Masetto dans *Don Giovanni*, comme l'est Zerline, ou l'air de Zerline (c'est tout un) ; enveloppantes, étourdissantes même et probablement trompeuses, mais d'une tromperie que l'on préfère, quelquefois, à la droiture.

Je crois bien qu'en tout verger, l'on peut voir la demeure parfaite : un lieu dont l'ordonnance est souple, les murs poreux, la toiture légère ; une salle si bien agencée pour le mariage de l'ombre et de la lumière que tout mariage humain devrait s'y fêter, plutôt qu'en ces tombes que sont devenues tant d'églises.

Et ce verger-ci, mi-parti de vert et de blanc, c'est le blason des noces rustiques et des fêtes de printemps, une musique de chalumeaux et de petits tambours encore assourdis par un reste de brume.

Curieuses fêtes, drôles d'idylles, puisque l'on ne peut danser avec ces fées-là, ni un seul instant les tenir par la main !

Ces sceaux de cire, s'ils cachettent une lettre, faut-il que je les rompe pour en lire le contenu ?

Couleurs fermes, opaques et tranquilles ; rien qui frémisse, rien qui batte de l'aile, rien même qui vibre. Comme si le mouvement n'existait plus, ou pas encore ; sans qu'il s'agisse pour autant de sommeil, moins encore de rigidité, de figement. Ces cierges, si ce sont des cierges, ne veillent pas un mort ; ces bougies n'éclairent ni le lit, ni un livre. D'ailleurs, elles ne brûlent pas : ce serait encore trop de mouvement, de fièvre, d'inquiétude.

Il est beaucoup de choses de ce monde où j'aurai bu et qui m'auront gardé de me dessécher, beaucoup de choses qui ont eu la légèreté d'un rire, la limpidité d'un regard. Ici se dévoile à demi la présence d'une source dans l'herbe, sauf que ce serait une source de lait, c'est-à-dire... mais il faut que le pas en ces abords ne soit plus entendu, que l'esprit et le cœur ralentissent ou presque s'oublient, au bord de la disparition bienheureuse, d'on ne sait trop quelle absorption dans le dehors : comme si vous était proposé par pure grâce un aliment moins vif, moins transparent que l'eau, une eau épaissie, opacifiée, adoucie par son origine animale, une eau elle aussi sans tache mais plus tendre que l'eau.

De toutes les couleurs, il se pourrait que le vert fût la plus mystérieuse en même temps que la plus apaisante. Peut-être accorde-t-elle dans ses profondeurs le jour et la nuit ? Sous le nom de verdure, elle dit le végétal : tous herbages, tous feuillages. C'est-à-dire aussi, pour nous : ombrages, fraîcheur, asile d'un instant. (« *À cet asile d'un instant n'attachez pas votre cœur* », conseille la courtisane au moine dans *La Dame d'Egughi*, ce nô lu à seize ans et jamais oublié ; mais si, au contraire, on ne voulait plus s'en détacher jamais ?)

Qui peut m'avoir tendu cela comme je passais, qui a deviné que, sous mes dehors convenables, je n'étais peut-être qu'un mendiant, que je pouvais avoir soif ? Mais je ne crois pas qu'il y eût une main derrière cette coupe, et c'est là tout le mystère. Aucune servante, cette fois, se tenant discrètement dans l'angle le plus sombre de la salle ; ni même changée en arbre, comme qui le fit pour échapper à l'avidité d'un dieu. Comme si ce n'était plus nécessaire à présent, ou que ce ne l'eût plus été du moins ce jour-là, en ce lieu-là, et que la servante fût dans votre cœur.

Un salut, au passage, venu de rien qui veuille saluer, de rien qui se soucie de nous le moins du monde. Pourquoi donc, sous ce ciel, ce qui est sans voix nous parlerait-il ? Une réminiscence ? Une correspondance ? Une sorte de promesse, même ?

Vues dont le mouvement, comme celui des oiseaux, recoudrait l'univers.

On passait. On a bu ce lait de l'ombre, en avril, avec ses yeux.

Peut-être ces feuillages calmes couvaient-ils les véritables œufs, couleur d'ivoire, de la Résurrection ?

Ou, peignant seulement, rapidement, cet arbre, aurai-je peint le dernier ange, le seul auquel nous puissions accorder notre confiance, parce qu'il est issu du monde obscur, de sous la terre ?

Un ange plus rustique, dirait-on, que les autres, plus berger ?

Il nous est arrivé, même à nous, de nous élever ainsi pour porter une coupe d'ivoire à la rencontre du ciel, à l'imitation du ciel ; pourvu que nous cachent des feuilles assez calmes.

Chose belle à proportion qu'elle ne se laisse pas prendre.

Voici le dernier écho des « bergeries », un rappel qu'on entend à peine, à la limite de l'ouïe, parce que le lait qui coule de la coupe est plus silencieux qu'aucune eau.

La pluie est revenue, sur les feuillages en quelques jours multipliés, épaissis. On aurait dit qu'une ombre était prisonnière de cette cage fragile.

Le foisonnement heureux, sous la pluie, des feuillages ; en quelques jours, tout n'est plus que grottes, pavillons, armoires sombres où brillent vaguement des robes.

Comme quand traîne un peu de brume sur une source qui a pris la couleur des plantes qui *l'abritent, un trouble embue. Le voile qui amortit et qui aiguise la violence montée des profondeurs.*

Des êtres jamais vus, comme assis sous des nuages dont le bord serait argenté par la lune.

Avant que tu ne passes une bonne fois au nombre des fantômes, écris qu'il n'y a pas de plus haut ciel que cette source couleur d'herbe.

SUR LES DEGRÉS MONTANTS

Le chant des alouettes au sommet de la Lance, à la fin de la nuit du solstice d'été : cette ivresse dans le froid glacial, ces fusées comme pour appeler le jour dont je ne devais voir que le reflet blafard peindre, très lentement, vaguement, les rochers.

Je ne les distinguais pas, bien qu'elles eussent jailli des herbes toutes proches, j'entendais seulement qu'elles s'élevaient de plus en plus haut, comme si elles gravissaient les degrés noirs de la nuit. *Magnificat anima mea…*

Elles avaient jailli, toutes ensemble ou presque, nombreuses, absolument invisibles, des hautes herbes brassées par le vent, sous le fouet glacé du vent, comme des fusées sonores ; ou plutôt, m'a-t-il semblé tandis que j'écoutais, tenant à peine debout dans le vent : comme si elles s'affairaient à soulever toujours plus haut, avec des cris de joie (ou de colère), une sorte de chapiteau, de dais aussi invisible qu'elles, parce que la nuit était encore totale ; ou comme si elles tendaient une grande coupe bouillonnante en offrande à ce ciel noir. (Ainsi arrive-t-il à un promeneur égaré de surprendre une cérémonie sauvage et incompréhensible.)

Mais il n'y avait là ni dais, ni coupe, ni cantiques.

De l'alouette, Buffon a écrit : « *Elle est du petit nombre des oiseaux qui chantent en volant ; plus elle s'élève, plus elle force la voix.* »

Et encore : « *On a dit que ces oiseaux avaient de l'antipathie pour certaines constellations, par exemple, pour* Arcturus, *et qu'ils se taisaient lorsque cette étoile commençait à se lever en même temps que le soleil, apparemment que c'est dans ce temps qu'ils entrent en mue, et sans doute ils y entreraient quand* Arcturus *ne se lèverait pas.* »

C'était un chant frénétique, et qu'on aurait cru chanté pour appeler le jour qui tardait à venir colorer les rochers blêmes.

On aurait pu imaginer ainsi une cohorte d'anges cherchant à soulever le couvercle énorme de la nuit, au-dessus des hautes herbes fouettées, cinglées par le vent glacé.

La porte s'ouvrirait-elle jamais ? Ce ne serait pas, en tout cas, faute d'avoir crié leur appel au jour.

Il y avait dans l'ascension et le chant de ces petites créatures une violence qui me remplit encore maintenant de stupeur. Certes, ce n'étaient pas là des ariettes à charmer les salons, ni des élégies ! Cela vrillait l'ouïe et le ciel, dans l'obscurité presque totale et la fusillade du froid. On aurait dit vraiment, si absurde que cela semble, qu'il y avait un rapport entre ces cris et les astres qui étaient encore loin de s'effacer.

Lazare, encore couché dans sa cuve de pierre.
Et elles, infatigables au-dessus des rochers blêmes, invisibles, têtues, frénétiques.

Qui a jamais crié ainsi pour forcer le jour ?

Plus stridentes que les astres où l'on dirait qu'elles vont se perdre.

Le plus frappant dans tout cela : ces rochers blafards, ce froid cinglant et cette sorte de défi frénétique, comme pour forcer le ciel à enfin s'éclairer, pour forcer à la résurrection, pour tirer Lazare de son tombeau de pierre ; pour soulever l'énorme poids de la dalle nocturne.

Toutes les cordes tendues à se rompre.

Comme la montagne dans ce moment de ténèbres et de froid intense, j'attendais d'être illuminé, de me dresser hors du sarcophage de rocher comme Lazare, tandis que le vent tout autour hersait l'herbe.

J'étais mort comme lui et rien ne se passait que les coups de boutoir du vent, les coups de cravache du froid,

s'il n'y avait eu soudain cette troupe d'oiseaux absolument invisibles et réduits aux fusées de leurs cris infatigables ;

et comme ils montaient toujours plus haut sur les degrés noirs, on aurait dit qu'ils s'activaient à soulever la dalle noire de la tombe

ou qu'ils frappaient à une porte, tous ensemble,

comme de petits anges effrénés, de petits
ouvriers acharnés, sans autres outils que leur
voix aiguë (jubilante ou désespérée, on n'aurait
su le dire),

à soulever cette dalle noire,

à frapper à cette porte qui semblait ne jamais
devoir tourner sur ses gonds de pierre.

Qui frapperait avec pareille constance et fureur
dans la montagne
ne ferait-il pas lui aussi lever le jour ?

*Montagnes à contre-jour dans le matin d'été :
c'est, simplement, de l'eau.*

*Que la poésie peut infléchir, fléchir un instant,
le fer du sort. Le reste, à laisser aux loquaces.*

*Frelons et feu. Écrire : « les frelons du feu »
serait de la poésie facile, mais il y a un lien entre
les deux ; comme quand des braises vous sautent
à la figure.*

Pendant toute une nuit et sur tout le tour de l'horizon, chose extrêmement rare, le tonnerre roule : longues percussions têtues d'un orchestre d'Orient lointain.

Ou comme un bruit d'ossements qu'on remuerait.

ÉCLATS D'AOÛT

Tard dans la nuit d'août,
l'œil du Taureau devient rouge
comme s'il allait ensemencer la terre.

Il sait qu'on va l'abattre tôt ou tard,
et pas de vache au pacage
de ce côté-ci du ciel.

À quel brasier échappés, ces frelons ?

Moi, quand mes pensées brûlent,
je sais pourquoi.

Cette nuit,
un vent glacé fouette les astres ;
on dirait
qu'eux aussi flambent plus avides.

Y aurait-il même pour eux
de l'impossible ?

Nuages assis en majesté comme des dieux,

ourlés de pourpre s'ils vont vers la nuit.

Orvet vif comme un filet d'eau,
plus vite dérobé qu'œillade,

orvet des lèvres fraîches.

Toutes ces bêtes
ou esprits invisibles

parce qu'on se rapproche de l'obscur.

Trop d'astres, cet été, Monsieur le Maître,
trop d'amis atterrés,
trop de rébus.

Je me sens devenir de plus en plus ignare
avec le temps
et finirai bientôt imbécile dans les ronciers.

Explique-toi enfin, Maître évasif!

Pour réponse, au bord du chemin :

séneçon, berce, chicorée.

Dans le ciel de cette aube tiède où la montagne prend la couleur de la violette, alors que la lune ronde se dissout, deux buses entrecroisent leurs spirales silencieuses.

Cils, ou oiseaux favorables sur les lèvres.

Toute la journée du 26 septembre 1988, le monde sous mes yeux est resté immobile dans la sérénité la plus grande que je lui aie jamais vue. Se levait-il un souffle quelquefois, ce ne semblait être que pour éventer le cœur. Alors, le Ventoux m'a fait l'effet d'un lointain sphinx assis sur notre seuil pour le garder du moindre trouble.

Rêver d'un corps, à l'aube, qui n'aurait plus pour ornements à retirer que les constellations de septembre.

Le corps lointain, caché, proche parfois et moins caché : foyer, dirait-on, d'une lumière surnaturelle.

Les couleurs graves des fins d'après-midi, l'hiver : le brun qui tire sur le fauve, le pourpre, le violet ; le vert très sombre, les lointains bleus ; et aujourd'hui, entre l'horizon et de longs nuages peut-être chargés de neige, un morceau de ciel si clair qu'il en paraît juvénile ou angélique. L'enclos du grand jardin avec ses murs couverts de lierre donne toujours son même conseil de calme, de patience, de confiante attente.

Autre « Chambre des époux » fidèles, avec à la voûte cette couronne légère, cette baie d'air animée par de rares nuages pareils à des roses.

*Comme si l'on embrassait d'un même regard
la navigation, là-haut, et tout en bas l'heureuse
rumeur du port.*

*Nos anges à nous ne sont peut-être que ces
nuages dont le corps rosit dans le jaune des ciels
d'hiver.*

FRAGMENTS
SOULEVÉS PAR LE VENT

Oui, oui, c'est cela,
c'est cela !
criait-elle.

Et son visage semblait éclairé
par quelque chose qui lui faisait face.

Rappelez-vous :

s'il peut être une foudre lente
et tendre à en mourir,
irradiant le corps,
c'est cela dont mourir vous privera.

De cet autre orage,
même les dents sont douces.

Nouvelle année.

Est-ce mon père, au portail du jardin,
qui tire la sonnette couverte de neige ?

La grande maison brille,
pleine de cadeaux et de robes.

Par la porte-fenêtre où d'ordinaire entre le jour,
filtré par le feuillage,

qui vient à toi dans cette nuit d'hiver ?

À force de tonnerre,
le firmament se craquelle aujourd'hui.

Dans l'ancien monde,
à presque chaque orage
répondaient une nymphe dévêtue
et un berger tranquille.

Elle disait,
entre deux cris,
entre deux crises de larmes :
« J'ai trouvé un abri de feuilles
et un compagnon endormi. »

Et lui :
« Bonne nouvelle avant la fin du monde :
c'est encore le lait des astres
qui gonfle votre sein. »

Le tronc ridé, taché
qu'étouffe, à force, le lierre du Temps,
si l'effleure une rose, reverdit.

Dis plutôt la rivière que la ruine
ou mieux : pour toute ruine cette ruine d'eau.

Ordre aux bergers absents :

qu'ils retiennent les biches qui s'échappent,
mal conseillées par les nuages,
qu'ils dénouent une à une les tresses des ruis-
seaux,
qu'ils épargnent les herbes rares de la combe
et qu'ils fassent tinter l'ivoire des pierres
dans la montagne où chaque arbre se tord en lyre.

(Tombeau du poète)

Détrompez-vous :
ce n'est pas moi qui ai tracé toutes ces lignes
mais, tel jour, une aigrette ou une pluie,
tel autre, un tremble,
pour peu qu'une ombre aimée les éclairât.

Le pire, ici, c'est qu'il n'y a personne,
près ou loin.

En cette nuit,
en cet instant de cette nuit,
je crois que même si les dieux incendiaient
le monde,
il en resterait toujours une braise
pour refleurir en rose
dans l'inconnu.

Ce n'est pas moi qui l'ai pensé ni qui l'ai dit,
mais cette nuit d'hiver,
mais un instant, passé déjà, de cette nuit d'hiver.

Couleurs des soirs d'hiver : comme si l'on marchait de nouveau dans les jardins d'orangers de Cordoue.

« Jamais les pâtres à leurs tristes plaintes
n'auraient mis fin, et dureraient encore
leurs chants par la montagne seule ouïs
si, découvrant les nuées peintes
au coucher du soleil se border d'or,
ils n'avaient vu qu'était passé le jour ;
l'ombre déjà
gagnait le pied touffu
de la haute montagne, et les deux pâtres,
comme au sortir d'un songe, s'achevant
le soleil fugitif avare de lumière,
emmenant leur troupeau,
s'en retournèrent chez eux pas à pas... »

« *Les fontaines tintent aux versants les plus hauts des montagnes* », c'est un vers de ce Requiem *trop ambitieux que j'ai écrit en 1946, un vers né du souvenir alors presque tout proche, mais qui est resté intense en moi à travers les années, de la venue d'un soir d'été dans la montagne ; et je me rends compte aujourd'hui que de tels soirs ont gravé en moi pour toujours cette impression naïve du sublime (je n'éviterai pas ce mot) qui est liée si naturellement aux montagnes et à la venue de la nuit. Je me souviens de la montée de l'ombre nocturne dans le vallon, comme d'une eau fraîche, cette masse d'obscurité venue du fond du paysage alors que les cimes luisent encore comme des bougies, des cierges, que les lampes des rares maisons de bois s'allument et que les étoiles reparaissent, après que l'éclat du soleil les a fait tout le jour oublier ; ces points lumineux épars en haut comme en bas et auxquels on dirait que répondent les sonnailles inégales, intermittentes, dispersées elles aussi, des troupeaux restés dehors dans l'herbe épaisse des pâtures ; comme enfin parle à la lumière lunaire de la neige une longue fontaine haut perdue.*

Avant et après beaucoup d'autres, Garcilaso aura dit, en cette fin d'églogue, cet apaisement que l'on croirait gagner jusqu'aux extrêmes limites de l'univers, et ces échos, ces réponses imaginaires qui tissent, pour quelques instants, quelques heures peut-être, une espèce d'entretien dont nous sommes les captifs rassurés et ravis.

Il y avait là, couchés sous les chênes, des rochers qui ressemblaient à d'énormes livres tombés d'une table ou d'étagères géantes après un tremblement de terre.

Si on pouvait tirer encore de cette maigre flûte
*   que l'on est,*
un air, un dernier air
avant d'aller rejoindre les pauvres vieux os
qui n'ont plus de visage et de nom que dans votre
*   cœur...*

Des églantiers qui montent en guirlandes blanches ou roses dans les cyprès comme une ascension d'anges sur des stèles. Se souhaiter

pour stèle un cyprès sombre tressé d'églantiers,
c'est se rêver déjà ravi au ciel par des oiseaux.

Ce troupeau de robustes chèvres brunes aux
longues cornes, une ligne noire marquant
l'échine, suivies plutôt que guidées par leur bouc
perclus, parmi des arbres desséchés dont les
branches craquent comme des os : autant de
belles Juives montagnardes toutes prêtes à trom-
per la surveillance du vieux rabbin sous son
taled en loques.

APPARITION DES FLEURS

Pour réponse, au bord du chemin :
séneçon, berce, chicorée.

Qu'est-ce que j'ai voulu dire là, et que j'ai dit si mal ? Encore une fameuse extravagance ; une chose à peu près impossible à penser et à dire. Un ami était en train de mourir, la maladie s'était démasquée brusquement et ne laissait aucun espoir ; on voyait son esprit se délabrer un peu plus de jour en jour, mais pas assez pour qu'il ne s'en rendît pas compte ; alors, il lui arrivait de pleurer comme un enfant. Il y avait d'ailleurs des moments où, vieillard, il ne pouvait plus parler que le patois de son enfance. C'était comme si on nous rouait nous-mêmes de coups. Je comprenais de moins en moins notre sort ; au fond, je ne comprenais plus rien à rien. Pire qu'ignorant, trente ans après que je m'étais ainsi qualifié : ignare, imbécile. Cependant, c'était l'été, je passais presque tous les jours le long d'une prairie fleurie. (Il faut dire les choses comme elles étaient, mais c'est là que les difficultés commencent.) Quelque chose, une fois de plus, dans ce lieu, m'a surpris et m'a émerveillé (il n'y a pas d'autre mot, bien que l'usage ait tellement affaibli celui-ci, comme maint autre).

D'abord, j'ai cru pouvoir m'expliquer cet émerveillement par la simple surprise : les fleurs de cette prairie, en effet, du moins certaines d'entre elles, n'étaient visibles que le matin (probablement du fait que la trop grande chaleur, ensuite, les amenait à se refermer) ; elles étaient comme une apparition, ces apparitions qui réveillent le regard. Et puis, il s'agissait uniquement de fleurs de trois couleurs : bleu, jaune et blanc, dont je n'avais pas vu souvent la rencontre dans une prairie. Mais tout de même : éprouve-t-on, pour si peu, cette sorte de sourde jubilation qui était la mienne chaque fois que je retrouvais, à mon passage, ces couleurs ? Et passe encore d'en être touché ! Il y avait plus grave, plus incompréhensible, d'où est venue la fin à la fois trop et pas assez énigmatique du poème : je me suis vraiment dit, presque tout de suite, à propos de ces fleurs, qu'elles étaient peut-être la seule réponse à l'horreur dans laquelle nous voyions sombrer notre ami. Proposition qu'on hésite à risquer, qu'il faut risquer pourtant. Proposition que, naturellement, j'ai essayé de comprendre en m'arrêtant, en m'approchant de ce pré. Y croiser Perséphone cueillant ces mêmes fleurs aurait été peut-être un moindre mystère.

J'avais donc rapidement identifié, dans ces fleurs, la bleue : la chicorée sauvage, et la jaune : le séneçon ; quant à la blanche, une ombellifère, ma science était plus hésitante. Pour le poème, j'ai choisi «berce» parce que ce pouvait être exact et puis, parce que ce nom avait de la douceur et contenait un vague écho à l'ombelle que portait cette fleur à bout de tige, un peu plus haut que les autres. Nommer simplement ces trois noms en fin de poème, sans autre explication, je pouvais à la rigueur espérer que cela fît l'effet d'une formule magique par son absence même de sens ; c'était une illusion. Je ne pouvais en rester à la botanique ou à une fausse magie. Et si je ne nommais au contraire que les couleurs, je faisais de la peinture sans les moyens de la peinture, et ne communiquais rien non plus de l'essentiel.

Ces couleurs devaient donc bien « donner sur » autre chose (dans mon esprit, mais peut-être aussi, de façon plus profonde, partageable avec d'autres que moi). Le bleu de la chicorée, je le connaissais, c'est l'une des fleurs qui ornent le plus longtemps les talus des chemins. Ce bleu était comme du ciel ; et là, dans la prairie, c'était du ciel épars, qui aurait plu pendant la nuit, une rosée, des morceaux d'air dans l'herbe. (J'aurais pu être tenté d'écrire aussi : des papillons ; ou des regards. Mais non.) C'étaient de presque inapparents morceaux de ciel, disséminés au hasard.

Quant au jaune qui s'y mêlait, s'y alliait, c'était un jaune comme il ne me semble pas qu'on en voie à beaucoup de fleurs des champs, un jaune clair, rien que jaune, n'évoquant ni le soleil, ni l'or, ni la paille ; presque fade, presque insignifiant, c'est-à-dire sans aucun arrière-plan perceptible, ni aucune profondeur ; ne se laissant comparer à rien, n'ouvrant apparemment, lui, sur rien. Naïf ? à la rigueur. Fade et naïf. M'en approcher ne m'avançait guère.

Enfin le blanc, lui aussi, était au fond plutôt quelconque, sans éclat ni magie, presque terne ; simplement léger, porté légèrement à une certaine hauteur, en couronnes prodiguées là sans grand faste par la nature. Était-ce justement le fait que ces couleurs m'échappaient, que ces fleurs dans la prairie m'échappaient, qui leur a permis de m'apparaître un instant comme des clefs de ce monde, et de l'autre ? L'autre, où Perséphone fut engloutie alors qu'elle cueillait des fleurs.

Je ne comprenais donc toujours rien, je ne pouvais toujours rien dire. Écrire seulement «jaune, bleu, blanc», c'eût été faire flotter un drapeau là où il n'y avait que du multiple, du mêlé, du presque insignifiant, de l'épars; une vague rumeur.

Des couleurs qui s'allument un peu partout, qui s'éclairent, plutôt; une petite fête de fleurs, une fête d'enfants: quelque chose de naïf, de léger, de candide. Et pas de rouge! Rien qui rappelle le sang ou le feu, même transfigurés. Pas même de rose comme sur une joue de femme! Des couleurs comme on en voyait aux vieilles bannières des processions, qu'il n'y a plus.

Couleurs enfants, prodiguées; matinales. Serait-ce une chanson dans une classe d'école, que l'on aurait surprise quand on passe devant? Ou un cantique un peu simple, flottant au-dessus des têtes avec les bannières des Rogations?

Trop longs détours, pour le plus bref conseil. Détours trop compliqués, pour la chanson la plus naïve.

Il faudrait qu'il n'y eût plus de «comme» en écran, ou que le «comme» éclairât.

On nous rouait de coups, cet été-là (il y a toujours, quelque part, un corps roué de coups). On nous montrait le rapide délabrement d'une pensée, d'un cœur. (Une fleur ne se délabre pas, ne bafouille pas, ne pleure pas.) Aucun besoin de prêche : voyez là ce qui vous attend. Pendant que ces fleurs s'ouvrent, puis s'éteignent, jour après jour.

Autrefois, dans un verger d'amandiers tout proche de cette prairie, j'avais vu transparaître le visage douloureux d'une femme qui perdait pied lentement et, de ce lieu, altérer pour longtemps la lumière de neige. Cela se comprenait. Aujourd'hui, j'étais amené à dire l'inverse, qu'un éparpillement de fleurs répondait à mon dégoût, à ma peur de l'enfer où l'homme est parfois jeté, l'absorbait, ainsi qu'une vive lumière absorbe certains jours les montagnes.

(C'étaient, je m'en avise, des couleurs de mésanges, des couleurs dites froides, portées par des oiseaux d'hiver. Dont le nom rime avec ange, alors que ce sont de vrais petits ogres ailés, voraces et batailleurs.)

Jaune, bleu, blanc : couleurs de salle d'eau, couleurs de faïences. Je me rappelle maintenant ces jardins d'Andalousie ou du Portugal où la faïence semble être à elle seule l'eau, le ciel et la fontaine. (Et des citrons éclairent l'ombre, sûrement, tout près.) Je me rappelle aussi une matinée à Lisbonne, un déjeuner entre amis au bord du Tage, où il y avait eu ces mêmes trois couleurs, le bleu et le blanc s'enroulant à des poteaux pareils à ceux où l'on amarre les gondoles à Venise, le jaune peint je ne sais plus sur quoi, peu importe, et ces couleurs dans une lumière d'argent qui, comment dire ? les affinait, les allégeait, les emportait vers un ciel aussi avenant que la terre, dans un étincellement égal à celui du Tage lui-même ; comme si le Temps lui-même scintillait.

Que la pensée erre donc, voyage heureuse et revienne, heureuse encore, à son foyer.

Le vieil homme n'a pas survécu longtemps à ces fleurs apparues. Naturellement, elles ne l'ont pas sauvé, elles ne nous ont pas consolés, elles ne sauveront ni ne consoleront personne. Nul n'échappe au déclin dans des visions. Les saints pourrissent comme nous autres. C'est au moins une certitude. Et pourtant...

Perséphone, fille de la Terre, cueillait des fleurs quand le sol s'ouvrit sous ses beaux pas.

Alors, bien sûr, il y a l'invisible, ou le dérobé. Rien, surtout, qui ressemble de près ou de loin aux esprits toujours plus ou moins troubles ou dérisoires qu'invoquent les occultismes, aux fantômes, aux démons. Pas de culte, pas de rite, même s'ils peuvent, s'ils ont pu aider, autrement. Ni ascèse, ni transe, ni extase. L'étrangeté la plus grande, sans trace d'étrangeté.

Hölderlin a écrit que tout ce qui jaillit pur, en pureté, tout pur surgissement est énigme.

Il y aurait une circulation invisible manifestée ainsi par des signes ; les signes seraient frêles, comme nous sommes friables, mais la circulation continuerait au-delà de toutes espèce de cassure. Un vagabond peut entrevoir cela, recevoir pareille aumône. Vite dissipée, probablement.

> *En ce monde nous marchons*
> *sur le toit de l'enfer*
> *et regardons les fleurs.*

C'est le lieu de citer de nouveau ce poème d'Issa, le Japonais. Il y a peut-être un lien, pas seulement une contradiction, entre l'enfer et les fleurs. On pourrait en venir à dire cette chose folle, qui paraîtra indécente aujourd'hui, qui l'aurait été de tout temps, car il y a longtemps que l'enfer a émergé à la surface de notre monde : qu'elles parlent plus haut que lui ; ou qu'elles parlent de ce qui pourrait l'emporter à la fois sur elles et sur lui.

Fontaine. Soleil clair, soleil écolier. Et ce matin, pas le moindre reflet de sang ou de feu, pas la moindre colère, pas la plus petite tentation ! Fontaine, au premier soleil.

Mésanges désormais apaisées.

Une part invisible de nous-mêmes se serait ouverte en ces fleurs. Ou c'est un vol de mésanges qui nous enlève ailleurs, on ne sait comment. Trouble, désir et crainte sont effacés, un instant ; mort est effacée, le temps d'avoir longé un pré.

Le mince croissant de la lune aperçu le soir dans le jardin, la serpe qui est pure illusion, qui est chose aiguë mais aussi doucement lumineuse, la « serpe de lait » qui perdra vite sa forme, qui s'inscrit un instant dans le ciel du couchant et surprend toujours, qui vous accompagne avec fidélité, lointaine, mais présente. À l'image de la serpe se lie inévitablement celle de la main qui devrait la tenir, de la moissonneuse dans quelque cortège en l'honneur de Cérès — comme si, d'une fête, n'était visible qu'un emblème au-dessus de la foule cachée par la nuit : une chose ressentie naïvement comme bonne, amicale, à cause de l'atténuation, dans ce reflet, de l'autre lumière qu'on ne peut regarder en face. Et l'on se dit : elle est encore là, une fois de plus, elle m'est donnée sans bruit, sans histoires, et pas à moi seulement, comme depuis le commencement du monde auquel sa lueur semble me lier. C'est une serpe et c'est un lien. Cela chemine, fidèle, à croire qu'il y a vraiment là-bas un gardien faisant sa ronde pour nous défendre de la nuit.

Je me rappelle aussi ces cortèges d'enfants porteurs de lanternes allumées, autrefois. Il n'y en aurait plus qu'un, attardé, tranquille, têtu. Pour rappeler qu'il y a une enfance, une joie timide, naïve, presque aveugle ; une chanson.

L'oiseau, dans le figuier qui commence tout juste à s'éclaircir et montre sa première feuille jaune, n'était plus qu'une forme plus visible du vent.

Brûlant des ronces à la fin du jour, j'ai vu soudain approcher du brouillard, silence devenu visible, fumée humide et froide montée de l'eau plutôt que d'un feu, exhalaison de la terre détrempée, souffle tout à coup froid comme de l'acier, menace peut-être, mais que j'aimais parce que réelle, parce que vivante, parce que « vraie » ; comme si tout valait mieux que des pensées et que la mort.

Un troupeau qui serait venu sans le moindre bruit me lécher la main d'une langue froide. Tandis que la nuit aussi approchait.

APRÈS BEAUCOUP D'ANNÉES

Vue sur le lac

Un léger changement de point de vue suffit parfois à faire redécouvrir ce que l'habitude avait terni, ou voilé. Ainsi, de revenir en touriste dans le pays de son enfance et d'apercevoir d'une chambre d'hôtel (de préférence assez luxueux pour que le changement soit plus sensible) ce que l'on avait vu cent fois avec indifférence, quand ce n'était pas avec un sot dédain : les montagnes de Savoie suspendues au-dessus d'un lac gris comme une masse vraiment énorme qui flotterait dans la brume ou dans l'excès de lumière, au-delà d'un autre brouillard, celui des toutes premières feuilles de l'avant-printemps.

(Il y a un tableau de Magritte, un gros rocher suspendu en plein ciel, dont on pourrait penser d'abord qu'il traduit justement une surprise analogue ; mais l'œuvre est trop voulue, trop explicitement onirique et « poétique », trop méticuleusement peinte aussi, pour convenir à mon propos. Et je m'avise, en me rappelant ma déception devant un vaste ensemble d'œuvres de ce peintre vu naguère dans un musée d'ici, qu'elle a dû tenir à cette mise en avant du mystère, à cette façon de le monter en épingle au lieu de le laisser caché dans les choses montrées.)

La montagne, si haute qu'il faut lever les yeux pour en apercevoir les cimes, cette masse énorme comme une cathédrale vue de tout près, comme des orgues de roche et de glace, comme une muraille crénelée, la chose plus lourde qu'aucune autre au monde, presque un monstre, presque la mort... voilà qu'elle flotte, suspendue dans les airs, qu'elle n'est plus qu'un grand nuage — et tout de même bien autre chose, de plus grave, de plus vénérable qu'un nuage soulevé par le souffle de mars, l'invisible joueur de chalumeau.

Comme si quelqu'un qui marcherait sur le quai jonglait avec elle.

(N'exagérons pas. C'est Chagall, le Chagall encore ingénu des années de jeunesse, revu précisément non loin d'ici, qui m'a glissé, gaiement, cette idée à l'esprit. Mais la montagne, fût-elle soulevée dans les airs, reste une chose sérieuse, avec quoi la lumière elle-même hésite à jongler.)

Ma tête se prend pour un musée, aujourd'hui, décidément. Je n'y puis rien : la fenêtre de cet hôtel est un cadre, et il serait doré comme ceux dont on aimait tant autrefois enrichir les peintures que, vu le luxe du lieu, cela ne m'étonnerait qu'à peine. Laissons donc tout scrupule puisque, sans rien solliciter, je me suis rappelé soudain ces Vierges de Zurbarán figurées aussi en plein ciel, les pieds posés sur un croissant de lune, sœurs chrétiennes de Diane ; en particulier, de préférence à d'autres plus tardives et trop suaves, celle du Prado, couronnée d'étoiles, parce qu'elle a l'air d'une jeune montagnarde et que sa robe a des plis de pierre bleue.

Mais bientôt, comme le rocher de Magritte, comme les jongleurs de Chagall, j'ai congédié la Madone à son tour, me rappelant que je n'étais pas dans une salle de musée, mais dans une chambre d'hôtel ou mieux, pour peu que je sorte sur le balcon, dans l'air du mois de mars, dans la clarté fraîche du matin, au bord d'un lac où, si je l'avais pris encore pour une peinture et que je m'en fusse trop approché, je n'aurais pas manqué, maladroit comme je suis, de m'engloutir…

Elle est et n'est plus la montagne.

Escamotée, comme une colombe par le foulard de brume ?

C'est encore de la roche, des pierres, de la neige, mais « enlevées au ciel ».

(*Die Gerechten werden weggerafft*, était-ce de Krieger, cette cantate qui nous exaltait comme les Justes qu'elle loue et dont nous n'étions certes pas, lointaine amie avec qui je l'écoutais — enlevés, soulevés comme il nous arrivait de l'être, et pas seulement par la musique, et pas seulement en rêve ?)

Brume, ou frêle excès de lumière, bienfaisants : plus rien ne pèse (pour le moment), plus aucun mur n'arrête le regard, les pas. Qui donc se lamentait d'être en prison, qui donc s'imaginait limité, assujetti, châtié ? Qui s'était vu voûté dans son miroir, au réveil ? Pas dans ce miroir-là, du moins, eau et buée.

(Essayez donc de traverser, belle âme ! Essayez de tenir cette montagne dans la main, un seul instant, rien qu'un très petit morceau de granit qui s'en détacherait : il y aurait quelques rires dans l'arène, à coup sûr !)

N'empêche : elle est montagne et n'est plus montagne, comme, peut-être, la mort, pour peu que s'en mêle une certaine lumière : ascension, transfiguration, voilà vers quoi ce leurre éphémère nous conduit.

Grandes orgues de roche et de glace, bâties comme il se doit à mi-hauteur de la paroi d'air. À travers les bruits de la vie quotidienne, les crissements d'une scie sur du fer, le bourdonnement monotone des voitures, les pas des promeneurs sur le quai, les premiers essais de voix d'un merle, je crois entendre ses trilles de flûtes suraiguës, ses éclats de trompettes, ses grandes cascades argentées en majeur. Comme c'est ample, tout cela, comme c'est confiant ! Comme on respire largement dans ces étages où même la sourdine des forêts, le feutre des pâtures sont retirés !
(Mais, derechef, ne nous emballons pas. Tenons la bride un peu plus haute à ce Phaéton de louage.)

C'est autre chose que j'ai vu. Une simple image, un nuage de roche et de neige ; mais pas n'importe quelle image, ou quel leurre. Ou, si ce fut un leurre tout de même, cette promesse que « les Justes seront enlevés au ciel », il m'aura moi aussi rendu plus léger ; cette espèce de grande rose de roche, là-bas, qu'on ne distingue presque plus du tout maintenant, je l'ai suivie sans bouger d'ici, nœud de fumée grise dans le brouillard, nœud qui dénoue — trouée, comme on voudrait en multiplier sur tout l'horizon les ajours.

Les pivoines

Elles n'ont pas duré.

Tout juste le temps d'être de petites balles, de petits globes lisses et denses, quelques jours ; puis, cédant à une poussée intérieure, de s'ouvrir, de se déchiffonner, comme autant d'aubes autour d'un poudroiement doré de soleil.

Comme autant de robes, si l'on veut. Si vous y incite l'insistante rêverie.

Opulentes et légères, ainsi que certains nuages.

Une explosion relativement lente et parfaitement silencieuse.

La grâce dérobée des fleurs.

Parce qu'elles s'inclinent sous leur propre poids, certaines jusqu'à terre, on dirait qu'elles vous saluent, quand on voudrait les avoir soi-même, le premier, saluées.

Ainsi groupées, on dirait une figure de ballet.

Comme *La Danse* de Carpeaux, devant l'Opéra (du moins le souvenir qui m'en revient), les unes tournées vers le ciel, d'autres vers la terre.

Pour les saisir, il faut s'en éloigner.
Que verra-t-on, alors ? Une figure dessinée sur le miroir par la buée ? Un jeu de balles ?

Je vous salue, arbuste plein de grâce.

Mais revoici une fois de plus le vieil homme, avec ou sans complice, épiant Suzanne à travers quelque haie ! Je le voyais venir, d'autant que ce n'est pas tout à fait arbitraire : un regard un peu trouble comme l'est le sien, le leur, peut bien s'imaginer surprendre là une figure de ballet, entre mousse et satin, avec la révérence finale, jusqu'à terre, le salut qui vaut aussi pour vous, après tout, rêveurs perclus !

Mais le rideau tombe vite, toujours trop vite, quelles qu'aient été la grâce des saluts, la chaleur des applaudissements. Et vous vous retrouvez un peu plus voûtés, un peu plus frileux, dans la rue noire.

(Ce vieil homme, avec ou sans complice, on pourrait le suivre, au retour de pareille soirée, jusque chez lui ; décrire, minutieusement ou non, son logis, où la solitude irrémédiable fait passer un courant d'air froid même aux plus beaux jours de l'année ; raconter comment il se défend contre l'absence d'espoir, la fatigue, le souci, par quelles inventions ingénieuses ou naïves ; de quelles frêles barrières il s'entoure, repoussant ainsi, avec une touchante patience, l'avance du froid qui le menace, alors même qu'il sait n'avoir aucune chance de gagner. Ces choses-là peuvent et ont pu être dites, ne serait-ce que pour rendre hommage à la vaillance humaine ; ou, au contraire, pour dénoncer la cruauté, la monstruosité de l'ennemi qui a tant de noms et n'en a aucun. Mais je préfère décidément jouer le valet presque invisible qui suspend encore dans les feuillages ces quelques lanternes de papier blanc et rose, comme si l'on pouvait encore aujourd'hui fêter une fête, même une fête des morts, dans ce monde vermoulu.)

Les voyeurs bénins abandonnés à leur mélancolique obsession, verra-t-on plus clair qu'ils ne l'ont fait ? Faudra-t-il, pour cela, plus d'attention ou plus d'insouciance ? Plus, ou moins de détours ? Sûrement, plus d'ingénuité.

Opulentes, épanouies et légères à la manière de certains nuages (qui ne sont, après tout, que de la pluie encore en ballot, tenue en main) ; de nuages arrêtés, sans s'effilocher, dans les feuilles.

Pas plus nuages, néanmoins, que robes déchiffonnées : pivoines, et qui se dérobent, qui vous échappent — dans un autre monde, à peine lié au vôtre.

C'est la plus ancienne fleur dont je garde le souvenir, dans le jardin, encore vaguement visible, de très loin : fleur pesante, mouillée, comme une joue contre mon genou d'enfant, dans l'enclos de hauts murs et de buis taillés.

Cela se fripe vite, devient vite jaunâtre et mauve, comme de vieilles lettres d'amour dans un roman à la Werther.

Une passion sans lendemain, rien qu'une rougeur aperçue à travers un rideau de joncs tel qu'on en installe aux premières mouches de l'été.

(Comme on dit volontiers : « tout cela est bien beau, mais encore ?... »)

Elles n'auront pas longtemps orné ce coin de jardin.

Pourquoi donc y a-t-il des fleurs ?

Elles s'ouvrent, elles se déploient, comme on voudrait que le fassent le temps, notre pensée, nos vies.

L'ornement, l'inutile, le dérobé.

Saluez ces plantes, pleines de grâce.

Parure, vivante, brièveté changée en parure, fragilité faite parure.

Avec ceci de particulier, sinon de plus, qu'elles pèsent, qu'elles s'inclinent, comme trop lasses pour porter leur charge de couleur. Quelques gouttes de pluie et ce serait l'éparpillement, la défaite, la chute.

Plus je me donne de mal, et bien que ce soit à leur gloire, plus elles se retranchent dans un monde inaccessible. Non qu'elles soient farouches, ou moqueuses, ou coquettes ! Elles ne veulent pas qu'on parle à leur place. Ni qu'on les couvre d'éloges, ou les compare à tout et à rien ; au lieu de, tout bonnement, les montrer.

C'est encore trop que d'écrire qu'elles ne veulent pas, ou veulent quoi que ce soit. Elles habitent un autre monde en même temps que celui d'ici ; c'est pourquoi justement elles vous échappent, vous obsèdent. Comme une porte qui serait à la fois, inexplicablement, entrouverte et verrouillée.

N'empêche que, s'il fallait passer par une ressemblance avec autre chose qu'elles, la plus juste serait, pour chacune, avec une aube, avec un épanouissement de rose et de blanc autour du pollen, du poudroiement doré du soleil, comme si elles étaient chargées d'en garder mémoire, d'en multiplier les preuves, d'en rafraîchir le sens.

Je ne sais quoi, qui n'est pas seulement un souvenir d'enfance, les accorde avec la pluie. Avec une voûte, une arche de verdure. Elles vont ensemble : est-ce à cause des nuages ?

Avant que n'approche la pluie, je vais à la rencontre des pivoines.

Elles n'auront pas duré.

Approchées, même pas dans la réalité de telle journée de mars, rien que dans la rêverie, elles vous précèdent, elles poussent des portes de feuilles, de presque invisibles barrières. On va les suivre, sous des arceaux verts ; et que l'on se retourne, peut-être s'apercevra-t-on que l'on ne fait plus d'ombre, que vos pas ne laissent plus de traces dans la boue.

*Eaux de la Sauve,
eaux du Lez*

Ici, la lumière est aussi ferme, aussi dure, aussi éclatante que les rochers. Mais il y a, jetés sur eux, ces velours, ces toiles usées, cette laine râpeuse. C'est toute la montagne qui s'est changée en troupeau, en bergerie. Tout est lié, tout se tient, tout tient ensemble, comme au premier jour. C'est pourquoi on est dans cet espace immense comme dans une maison qui vous accueille sans vous enfermer.

C'est ici qu'est né le jour, aujourd'hui.

Aucun doute ici n'a lieu. Tout est debout, tout est ferme et clair. Tout est calme.

Bien que ce ne soit, nécessairement, qu'un moment du jour et de la saison, un moment de nos vies, bien que, dans ce moment infime, nous soyons suspendus, infimes, à ce qui peut n'être qu'un peu de braise et de poussière dans un emboîtement sans fin d'abîmes noirs, ce lieu et ce moment ne sont pas un rêve ; et quelque chose dans les liens qui nous y attachent ne peut être mesuré, pesé, évalué.

Tout tient ensemble par des nœuds de pierre. Comme il y a très longtemps. À cette lumière éclatante, on peut s'appuyer, s'adosser. C'est la seule forteresse imprenable que j'aie jamais vue.

Nous ne sommes pas très haut, pourtant. Il y a encore ici un dernier verger, défleuri, sur fond de pierre et de terre poussiéreuse ; des chemins qui se perdent bientôt dans de rudes buissons de buis ; le dernier paysan à vivre à cette altitude, s'il vous apercevait, vous tournerait le dos (il a dressé autour de sa ferme, pour la défendre, ou pour tromper sa solitude, de petits totems de ferraille et de vieux bois). Même ici, donc, des choses se passent, des mouvements, des changements se font ; le temps, quoi qu'il en semble, n'a pas cessé de s'écouler. Par exemple, on voit gravir la crête d'une montagne l'ombre, en forme de montagne, d'un nuage. N'empêche : rien ne tremble, rien ne se trouble, rien ne semble se dissiper.

On est debout sur un bastion, après que la paix a été signée, ou une trêve consentie.

Celui qui douterait que le monde soit, qui douterait, lui-même, d'être, se guérit, ici, de ce qui n'est plus que maladie, ou faiblesse, ou lâcheté. Cette terrasse aux dalles disjointes, envahies par l'herbe couleur de paille, est aussi réelle, sous cette lumière-ci, que la plus vive douleur.

Et voici que, taries depuis plusieurs étés, les eaux de la Sauve, nées dans ces hauteurs, redescendent aujourd'hui les marches de pierre jaune qu'elles ont creusées comme les pas un escalier, dans une très vieille maison. On les dirait d'autant plus vives et limpides qu'elles sont comme neuves. Presque tout au long du chemin, des barrières, des cloisons de feuilles brillantes les dérobent au regard, ou confondent leurs étincelles. Au premier tournant où elles se dévoilent enfin, impossible de ne pas s'arrêter. On s'agenouille pour y baigner ses mains ou pour y boire. La roche où elles glissent est jaune, ensoleillée ; aussi douce que la paume qui a cueilli cette grappe d'eau.

Ce n'est encore, ici, qu'un torrent. Une hâte transparente et qui devient plus loin, pour peu que le courant ralentisse et s'étale, une coupe d'opaline au pied des rochers.

Je me rappelle alors ces paroles d'Hésiode, vieilles de vingt-huit siècles : « Que tes pieds ne franchissent pas les belles ondes des fleuves éternels, avant que tu n'aies, les yeux tournés vers leur beau cours, fait une prière, tes mains d'abord lavées dans l'eau aimable et blanche… »

Tout tient ensemble, ici, aujourd'hui. Même la buée des premières feuilles ombrageant les berges. Rien ne parle d'exil. Rien ne parle de ruine, même pas les ruines. Rien ne parle de perte, même pas ces eaux fugitives, tellement claires qu'on croit que c'est le ciel lui-même qui les a déléguées jusqu'à nous sur ces degrés de pierre.

Là où le lit de la rivière, assez large, n'était plus depuis des mois que pierraille, argile craquelée, ossements d'arbres et roseaux desséchés, mélange de jaune et d'argent terni, couleur de mort ou peu s'en faut, les voici du jour au lendemain lâchées de nouveau, désengourdies, sorties de leur sommeil, prodigieusement rapides là-bas contre la rive opposée qu'elles entament déjà du seul fait de leur course qu'à propos de toute autre créature on dirait folle, échevelée ; mais ce n'est pas cela…

Hâtives, certes oui ! mais nullement inquiètes, nullement fiévreuses ; toujours, comme toutes eaux sauvages, trop claires et vives pour que rien les assombrisse.

Course rapide, heureuse dirait-on mais en réalité étrangère à toute émotion de ce genre, course qui n'est visible que grâce aux obstacles que le fond lui oppose, grâce au frein, au mors des cailloux, des branches mortes, où elles écument soudain comme des chevaux.

Comme des chevaux courant si vite sous la

cravache qu'ils semblent s'étirer, s'aplatir, raser le sol du champ gazonné pour offrir moins de résistance à l'air : une cavalcade vue de loin, sur des sabots non de corne, mais de soie.

Une bousculade orientée, comme au sortir d'une salle de classe, quand chacun veut être le premier dehors pour, enfin, s'ébattre, ou rentrer chez soi. (Si l'on veut.)

Elles écument, elles fleurissent au moindre obstacle ; pas tellement différentes, en un sens, des vergers en fleurs, s'ils pouvaient fuir…

À ce gué-ci, nul besoin de boire : la vue suffit à désaltérer !

Vives, fraîches, nombreuses, insaisissables, prodigues.
Ô très vives, mais insouciantes, ô coureuses, au ras des berges basses. Elles courent, elles passent, mais s'accroissent de leur élan. Elles glissent, vite mais sans presque faire aucun bruit, parce que la pente est faible, pas plus que n'en feraient des flèches : fuite qui brille et abreuve.

Jaillies des pierres en étincelles fraîches. Jaillies de la forge des eaux.

On dirait qu'elles rêvent d'aller de plus en plus vite, que leur plaisir est dans la hâte, que peu leur importe où elles courent. Turbulentes. Ivres de courir. Ivres, mais pures. Hölderlin a écrit une fois, de l'eau d'un lac où il voyait des cygnes plonger leur tête, qu'elle était « sobre » et « sainte », ou « sacrée ». Il voulait dire probablement par « sobre » : « retenue », « maîtrisée » comme doit l'être l'esprit de l'homme confronté au divin, et comme peut le suggérer le miroir tranquille et limité d'un lac. Ces eaux-ci sont à la fois ivres et pures ; on n'en voit pas le commencement, ni la fin.

On pourrait presque croire aussi qu'elles rient, que leur hâte est façon de rire. Mais, pas plus que leur hâte n'est anxiété ou frénésie, leur rire ne serait insolent, ou simplement moqueur.

Elles auraient appris à rire, comme les chèvres, dans les rochers, la pierraille, à l'ombre des derniers aigles.

Si je me laissais aller, j'en ferais volontiers l'attelage scintillant du Temps.

Elles ont bondi, comme ce que l'on aurait tenu trop longtemps serré dans un poing de pierre ou de glace.

Messagères dépêchées des crêtes, petites-filles du long hiver, coursières trop longtemps bouclées dans leurs noires écuries de pierre.

Ce sont les eaux du Lez, en avril, au gué dit de Bramarel. On les regarde encore un instant avant de rentrer chez soi : brèves, et comme éternelles. Quand on se tourne vers l'ouest, on voit qu'elles s'évasent, qu'elles s'élargissent à la mesure du ciel, dont la lumière éblouit.

Eaux prodigues, et qui ne reviendront jamais sur leurs pas.

Notes nocturnes

Adossé, vermoulu,
à ce pilier à peine moins précaire,

j'aimerais ne plus délivrer que des paroles
qui éparpillent les toits
(car même un toit de paille pèse trop
s'il vous sépare du rucher nocturne).

Des paroles pareilles
aux actes des fleurs, bleus ou rouges,
à leur parfum.

Je ne veux plus des labyrinthes,
même pas d'une porte :

juste un poteau d'angle
et une brassée d'air.

Déliés les pieds, délié l'esprit,
libres, mains et regards :

alors, le deuil nocturne
est entamé par en bas.

La lune au-dessus du chemin
était comme un bol de lait
pour le chien de Tobie.

L'enfant s'est accroupi
aux pieds de la très vieille et douce dame
en robe noire d'un autre temps.

Dans la corbeille,
encore toute enroulée,
la laine de sa vie,
et les ciseaux.

À tel ou tel endroit du ciel
c'est toujours, aux mêmes saisons,
les mêmes cierges qui brûlent,
le rituel qui jamais ne change,
même si ce sont d'autres visages
qui s'inclinent.

Je me souviens aussi d'une table au crépuscule
et de beaux yeux ouverts à l'autre bout,
puis détournés...
                    Pour auréole,
ces saintes-là n'ont que leur chevelure
ou les abeilles du dernier de nos soleils.

Il y avait (dans une chambre
où nous ne sommes plus)
un lit désordonné,
à croire que la nue brûlante
l'avait défait
comme on déchire une chemise.

Plus tard viendront les larmes,
celles qui cousent une fois pour toutes
le fourreau de drap rêche.

L'engoulevent,
c'est le rouet des Parques noires :

pour nous autres,
il n'y a plus beaucoup de fil.

Une couronne

Comment fleurit la rose trémière : de bas en haut de sa haute tige, à mesure que l'été passe (tandis qu'au pied de la plante les larges feuilles rouillent, se déchirent, quelquefois tombent en loques), cette façon de la floraison de se réfugier de plus en plus haut, cela m'a surpris, un jour de juin, et fait penser au soleil du soir qui fleurit en or au sommet des arbres, en rose à la cime des montagnes, de plus en plus haut, lui aussi.

La rose trémière, c'est l'alcée rose ; c'était, il y a longtemps, a-t-on pensé, rose d'outremer. Au contraire, maintenant, c'est une plante familière, une parure de village, de jardin modeste, une espèce, grande et magnifique il est vrai, de mauvaise herbe ornant par exemple, sans que personne semble y être pour quelque chose, le pied d'un rempart ou l'angle de deux ruelles, poussant volontiers dans les ruines. Des enthousiastes l'ont dite aussi : passe-rose.

(Ces fleurs qui s'ouvrent de bas en haut de la haute tige selon une loi rigoureuse pourraient aussi évoquer pour un esprit entiché d'opéra la montée d'une jeune héroïne en robe blanche, ou rose, ou mauve qui apparaîtrait successivement à tous les étages d'une tour ajourée, de plus en plus petite à cause de la hauteur plus grande et, donc, du plus grand éloignement. Il y aurait là une trouvaille de mise en scène que l'on entend d'ici telle spectatrice extasiée ou tel vieillard habitué des loges qualifier de ravissante, et que pour ma part je jugerais sûrement tant soit peu ridicule. Penser à la lente et fatale ascension de la lumière du soir me semble de beaucoup plus convenable, puisqu'on ne quittera pas, ce faisant, les jardins, ou la campagne.)

Ainsi de cette fin du jour où, au-dessus de la maison dont s'allume la première lampe, flamboie en même temps un grand nuage empourpré.

Voici les mots qui me sont venus alors à l'esprit, comme un titre : « la lampe apprivoisée et le tigre bondissant ». Probablement, un souvenir du poème de Blake : « *Tyger ! Tyger ! burning bright / In the forest of the night* » ; et la rencontre de la lumière domestiquée avec celle, sauvage, d'une sorte d'incendie. Ce furent encore, un instant superposées, les images de deux façons de vivre ; puisque vivre, si prudent qu'on se veuille, c'est brûler.

Aujourd'hui onze octobre, à six heures du soir, on voit dressé de nouveau au-dessus des pierres et des fleurs le très haut miroir d'argent dans lequel rien ne se reflète, surtout pas mon visage. J'allume à son pied un feu de feuilles sèches ; c'est une corbeille de braises, presque sans chaleur dans la terre humide. Une offrande, au pied de ce ciel argenté. De ce glacier. Dans mon dos, la montagne commence à dormir.

Nuages roses, bientôt nuages de suie, comme tout feu. Dernière inflorescence, qui ne pèse ni sur l'horizon ni sur les yeux, dernière douce inflammation, incarnat laissé insaisi ; la dernière de ce jour, ou de la vie.

La dernière rose, incueillie.

Ce crépuscule est bien un feu qui s'est allumé sans bruit dans les arbres, cependant qu'à leurs pieds l'herbe devient peu à peu de l'ombre, de la nuit. (C'est là que l'on pourrait trouver les abreuvoirs pour les disparus, leurs berceaux, leurs litières.) Cela brûle donc sans crépiter dans les arbres, c'est plutôt de l'or épars et un tremblement de bougies ; ce sont plutôt, pour un moment, des candélabres. Là au-dessus, le ciel s'épanouit en pétales à peine jaunes. Il m'apparaît soudain, au-dessus de ce socle ouvragé, immense. Jamais sans doute je ne l'avais vu aussi vaste, aussi grand ouvert. Toute la place qu'il y a là pour le regard, pour le souffle ! Assez d'espace pour que tous les morts s'y retrouvent sans étouffer, à jamais.

Les alouettes ne seront-elles donc jamais fatiguées de bondir, même au-dessus des champs boueux de l'hiver? Un peu de neige au front des montagnes les plus lointaines devient rose, et les forêts plus bas sont violettes, moins comme un amas de ces fleurs presque invisibles que comme une énigme que l'on croirait lire dans des yeux détournés, que comme le souvenir presque déjà définitivement perdu d'une parole ardente. Comme l'avant-dernière couleur entr'aperçue avant l'obscurité. Violette, accordée avec la vieillesse du jour. Violette ou, plus simplement, adieu.

De toutes ces fleurs qui ne sont pas vraiment des fleurs, mais vues, quoi qu'il en soit, à portée du regard, et par quelque côté ressemblant — ces choses lumineuses, insaisies, à la fois proches et lointaines — à des regards, on aimerait tresser une espèce de couronne, encore une fois, en dépit de tout ; ce serait, en dépit de tout, y compris de la fissuration de la terre, quand même gronderait le pire orage par-derrière ou par-dessous, ce serait comme dans un tableau ancien : une main, vouée pourtant à se décharner un jour, tenant cette couronne au-dessus d'une femme endormie ainsi qu'une constellation qui n'aurait pas encore été nommée et ne pourrait jamais l'être, trop fragile pour cela, trop brûlante pour cela, trop haut tenue. À jamais, quoi qu'on en pense, quoi que l'on craigne, au-dessus de cette bouche qui ne dit rien mais respire, comme si c'en était la buée ayant pris feu.

Rose qu'on croirait effrayée
fuyant de plus en plus haut

parce que l'âge la poursuit.

Leçon de la passe-rose :

que la rose du chant
brasille de plus en plus haut
comme en défi à la rouille des feuilles.

Hameau

Dans la nuit me sont revenues, avec une intensité pareille à celle que produit la fièvre, d'autres images de promenade ; au sortir d'un de ces rêves où l'on voudrait que certain nœud moite et vertigineusement doux ne se dénoue jamais. Cette fois-ci, c'était toujours de la réalité, un morceau du monde, et en même temps une espèce de vision, étrange au point de vous conduire au bord des larmes (cela, donc, non pas sur le moment, mais dans la nuit qui a suivi, devant, telles qu'elles me revenaient, ces images insaisissables d'un fond de vallée perdu où pourtant nous étions réellement passés).

Une voix me disait (ce n'était pas celle du coucou qui avait été perceptible à plusieurs reprises à travers la pluie, seule cage qui pût le tenir captif sans le décourager d'appeler), bizarrement : « Faites passer… » — comme on le fait d'une consigne pour la troupe si le message ne doit pas être ébruité, s'il s'agit d'un secret dont la victoire ou le salut dépend. Personne ne disait cela que le lieu même où, moi aussi, je passais. Ce n'étaient d'ailleurs pas des paroles, un message ; tout juste une rumeur un peu au-dessus du sol, un peu plus haut que ma tête, au bord de la route.

Le nom de ce lieu n'a pas à être dit, même pas son initiale. Il y avait là quatre ou cinq fermes (en fait, je regardais à peine, il ne s'agissait plus exactement de regard), de vraies fermes autour desquelles on ne voyait personne, probablement parce que c'était dimanche, pas en ruine, bâties de très vieux murs, pas du tout restaurées, transformées — et s'il y avait eu là, par exemple, une charrette, ou bien elle aurait servi encore à transporter du fourrage, du fumier, ou bien on l'aurait laissée se délabrer, mais en aucun cas on ne l'aurait « sauvée » pour y faire trôner des géraniums au milieu d'une pelouse ; des fermes de très vieille pierre et de très vieux bois, comme les arbres fruitiers tout autour avaient de vieux troncs, de vieilles branches écaillées, rugueuses, fatiguées. (Je n'observais pas tout cela, je le devinais, sous le gris du ciel qui menaçait de tourner à l'encre derrière les remparts de pierre encore plus vieille de la montagne, celle-ci assez élevée pour qu'y restent, sur le versant nord, quelques taches de neige.)

Devant ces fermes, il y avait de l'herbe, déjà haute et drue. Il faisait presque froid. On était dimanche. Nul besoin d'église pour que cela fût sensible : les paroles, ou les espèces de paroles entendues, je me suis demandé si ce n'était pas, peut-être : *Benedictus qui venit in nomine Domini*, béni soit le messager qui vient de l'autre côté du col, par le chemin abrupt et boueux frayé dans une forêt si abandonnée qu'on croirait plutôt des ruines d'arbres.

Cette rumeur qui n'en est pas une, qui ne fait aucun bruit, même quand le vent se met à souffler, si elle avait pris forme tout de même de paroles, ç'aurait pu être aussi la phrase jamais oubliée depuis cette adolescence un peu hagarde où on avait rêvé par moments de s'orienter sur elle : *Quelquefois, je vois au ciel des plages sans fin couvertes de blanches nations en joie* ; sauf que ce n'était pas dans le ciel, cela se longeait, se touchait de la main, se traversait, vous enveloppait…

Dimanche matin, sans aucune cloche, sans prêche, sans paroisse. Autour de ces maisons usées qui ont l'air aussi vieilles, aussi vraies que les montagnes, dans ce lieu de fatigue, c'était comme si, d'une fête de jeunes filles, il n'était plus resté, prises aux ramures, que leurs couronnes blanches. Elles-mêmes ont dû s'en aller ; ne persiste plus que leur image enfuie, leur absence, parfumée.

C'est ainsi que l'on passe un seuil, à leur suite ; et que commencent, peut-être, les visions.

« Faites passer… », vous qui passez ici, par cette voie, mais quoi ? Quelle consigne ? De quoi suis-je en train d'essayer de parler ? D'un dimanche d'avril, dans une vallée perdue, de quelques fermes éparses au milieu d'antiques vergers de cerisiers, de pommiers, de poiriers en pleine floraison ; de prairies protégées par des haies d'aubépines ; sous un ciel gris, par un temps encore froid, d'autant plus qu'on a rejoint le pied d'une montagne assez haute. Tout cela, maisons comprises, sans âge autre que celui des saisons ; et, néanmoins, sous la forme où je l'entrevoyais (mais on ne s'en attristait plus), éphémère.

Une rumeur, parfaitement silencieuse, un peu plus haut que votre tête. Un foisonnement sans aucun poids. Des milliers de petites choses éparpillées, à croire qu'il devait y avoir un rucher dans les parages. Et des essaims, pour quelques jours immobilisés dans leur course hésitante, désarmés.

Ou une aspersion d'eau lustrale pour bénir toute cette ferraille rouillée à quoi ressemblent les buissons, ces carcasses noueuses, et quiconque, passant ici, aurait de la douleur à porter.

Franchir le seuil, si l'on obéissait à la consigne, faut-il penser que ce serait avoir laissé en deçà tout ce qui touche le cœur, émeut le corps? Par exemple, le désir que n'auraient pas manqué d'enflammer la proximité, les jeux, les rires des jeunes paroissiennes, si elles n'avaient pas fui beaucoup trop tôt? Le trouble que suscitent les tourbillons, l'entrain d'une robe, l'impatience d'une chevelure, ce qu'ils cachent ou ce qu'ils dévoilent? Ou beaucoup plus que cela (qui était encore lié aux rêves touffus et ténébreux dont j'avais eu peine à sortir): la tendre moquerie, la peine d'être séparés, les mains dénouées ne serait-ce qu'un instant, le souci, les doutes, le dépit, la colère, toutes ces émotions qui se mêlent aux autres danses, le dimanche matin, comme aux soirs de semaine, plus décolorés?

Ne serait-ce pas même, franchir le seuil (dans le moment de la vision), avoir laissé en deçà jusqu'aux sensations plus neutres, plus générales; pour avoir deviné, d'une certaine façon, que, là-bas, il ne s'agirait plus de couleurs, de mouvements, de parfums, de figures; qu'on allait être emportés plus loin, à partir de ce fond de vallée, bien qu'il fût localisé avec une précision rigoureuse, irréfutable, sur la carte que j'avais comme toujours entre les mains ?

Était-ce là le message que transmettait sans rien dire la parole sans paroles : « Passez outre à ce monde, par ce col » ? « Prenez congé de nous » ?

De même que l'essaim, au premier souffle, sera dispersé, gaspillé, dans un tourbillon ? (Pour faire place, il est vrai, à un autre, de plus en plus opaque, de plus en plus calme.)

Si la grâce la plus tendre à la plus faible injonction du souffle se dissipe, ne faut-il pas, en effet, passer outre ?

C'est une façon d'entendre ce que semble dire ce hameau à qui s'y attarde un instant, par un dimanche froid d'avril. Une façon de se laisser emporter, orienter, exalter, sans trop chercher à comprendre.

Il est possible en effet que cela nous touche plus loin que les yeux, que le corps, le cœur, la pensée elle-même ; du moins, que ce lieu et cet instant, ainsi tressés l'un avec l'autre, et nous autres liés à eux, prenions racine plus loin que tout cela. On serait près de le croire, en passant…

(On imagine encore, justement parce qu'on n'a pas franchi le seuil, lâché son ballot de douleur, qu'il pourrait y avoir ici un afflux, à nos yeux, d'autant de larmes qu'il y a, dehors, de fleurs brillantes. Toute la tristesse de la terre montée comme de la sève au bord des yeux troublés par l'âge : l'eau la plus sainte de toutes les eaux. Et ce sont elles que l'on croit parfois retrouver éparses dans le ciel, la nuit venue.)

« Faites passer », disait la terre elle-même, ce matin-là, de sa voix qui n'en est pas une. Mais quoi encore ? Quelle consigne ?

On aurait plutôt pressenti, en fin de compte, non pas un abandon, comme d'un bagage ou d'un vêtement superflu, de tout ce que le corps, le cœur, la pensée reçoivent de ce monde-ci afin d'accéder à on ne sait trop quoi qui aurait toute chance d'apparaître diaphane, spectral, glacé, mais un pas à la suite de quoi rien de l'en-deçà du seuil, ou du col, ne serait perdu, au contraire ; où tout : toute l'épaisseur du temps, d'une vie, de la vie, avec leur pesanteur, leur obscurité, leurs déchirures, leurs déchirements, tout serait sauvé, autrement présent, présent d'une manière que l'on ne peut qu'espérer, que rêver ou, à peine, entrevoir.

Pensées de voyageur, pour peu que l'enveloppe un manteau de grésil.

Musées

Un lécythe

Il n'y a sur ce vase qu'une image à peine posée,
à peine une figure à déchiffrer :
« Jeune fille à la lyre ».

Comme si une ombre avait marché sur de la neige
ou que le vague écho d'une parole
nous vînt à travers un rideau,
ou que l'on tînt quelqu'un comme une lyre dans
    ses bras.

Serait-ce, en ces parages misérables de la mort,
la plus cruelle image ou la plus douce à dévoiler
en inclinant le vase au-dessus des mains tachées ?

Je crains qu'alors, nul leurre ne soit tolérable
et moins qu'aucun, la lyre entre des mains de
    femme
qui nous aura troublés et comblés si longtemps.

Je crois qu'il n'y aura pas d'autre remède
que, tous liens arrachés, quelque chose de pareil
à un surcroît de jour.

Quelque chose comme la main de la lune sur le
    front
ou moins encore : comme la vue d'une pomme
dans la cage brumeuse du pommier ?
Quelque chose comme une pomme couleur de
    crépuscule
dans la coupe des draps ?

Il vient ici un pas dont le battement monotone
dispersera ces mots comme des oiseaux effrayés
ou en fera des mouches autour de la tête assié-
    gée,
pires que son approche.

C'est la colombe intrépide ici qu'il faut dénicher,
elle seule ! mais qui de nous peut la héler,
qui sait encore son nom, si elle en a,
qui a des yeux encore pour en soutenir la vue ?

Dame étrusque

On la découvre à demi couchée
comme pour un repas
sur le recueil de ses propres cendres.

Elle tient dans la main un éventail
qui a la forme d'une feuille.

Tout cela, depuis des siècles, immobile,
une urne en terre, rose,
et autre chose encore
qui nous invite à un tendre respect :

un coffret, même pas très lourd
ni très solide,
comme on verrait une boîte à onguents
à l'effigie d'une beauté vivante
sur sa toilette ; et, non loin, son miroir.

Celle-ci fut tout l'amour d'un homme
une saison de Toscane, ou une vie,
sous le même soleil qui éclaire encore nos pas.

Mais le miroir n'a plus rien à craindre
   de son souffle,
et l'éventail en forme de feuille
n'aura plus à cacher aucune rougeur de honte.
Elle a dû désapprendre ce qu'était la brise…

Que c'est étrange, néanmoins, ces images de
   mortes
qui éveillent encore une espèce vague d'amour
chez les ombres que nous sommes devenus !

La loggia vide

Nous avons reçu d'A.C., quelques jours avant Noël, une carte postale d'Italie disant qu'elle souhaitait nous voir après les Fêtes ; cette carte représentait un détail, auquel je n'avais jamais pris garde jusqu'alors, de *L'Annonciation* de Giotto aux Scrovegni : une loggia vide à l'angle de laquelle une potence de bois porte un rideau écru dont l'extrémité inférieure repose dans l'angle d'une des deux fenêtres gothiques, comme si on avait voulu éviter qu'il ne la masque et ne flotte au vent ; derrière la loggia aux trois corniches roses superposées et à gauche de celle-ci, on voit le bleu du ciel, avec quelques nuages, à moins que ce ne soient, mais je ne le crois pas, des taches d'humidité sur le mur. J'ai tout de suite été touché par la fraîcheur, le mystère de cette loggia vide. Cette image a pris place sur la tablette de la cheminée, dans le camp hétéroclite des cartes de vœux.

Dans la nuit du 29 au 30 décembre, alors que nous devions fêter ensemble, avec son compagnon et d'autres amis, le Nouvel An, A.C. est morte dans un accident de voiture, tout près d'ici, non loin de la maison qu'ils étaient en train de se construire. Parce que c'est l'usage, et parce que nous ne voulions pas nous y dérober, parce que surtout, si parfaitement absurde que cela paraisse, nous ne voulions pas la laisser seule, nous sommes allés à la morgue de l'hospice de Grignan où on l'avait couchée sur ce qu'on appelle, si j'ai bien compris, une table froide. Difficile de regarder cela en face. Ce le serait plus encore le lendemain, quand on tiendrait à nous la montrer encore dans le cercueil, juste avant de le refermer, de le «plomber» pour le retour en Angleterre — avec, debout derrière, impassible, le maître des cérémonies qui semblait attendre qu'on le félicitât pour son «arrangement», ou pour prendre date. Elle qui avait toujours eu le teint doré par le soleil, quoiqu'elle habitât le plus souvent un pays de brouillard et de pluie, maintenant déjà elle était jaune comme cire. On comprenait, une fois de plus, que le corps n'est qu'une enveloppe à laquelle la beauté, la grâce ne sont que prêtées ; que, dès l'instant où le cœur avait cessé de battre, ce corps avait cessé d'être elle ; qu'elle, celle que nous avions connue, si elle pouvait avoir encore quelque mode d'existence que ce fût, était déjà partie, ne pouvait plus avoir aucun rapport avec l'innommable qui commençait sous nos yeux (en avait-elle aucun avec l'innommable hasard qui venait de la frapper ?). Allait-elle fleurir ailleurs, autrement, après qu'elle l'avait fait si calmement, si rondement, sous notre ciel, le ciel des vivants ?

J'ai levé le camp léger des vœux, sur la tablette de la cheminée. Mis de côté l'image au verso de laquelle sont les dernières lignes qu'elle nous aura écrites. Naturellement, bien que je ne croie guère aux songes, aux prophéties, moins encore aux prétendus complots des astres pour ou contre nous, je ne puis m'empêcher maintenant de voir le rideau blanc de la fresque de Giotto comme un linceul d'où le cadavre aurait été retiré ; et la loggia est vraiment vide désormais, où plus jamais ne se remontrera, ne se repenchera la jeune femme pour qui on croirait qu'étaient faites ses couleurs tendres. Pour le coup, cette image est devenue tout à fait mystérieuse. Elle s'inscrivait, elle s'inscrit toujours dans une scène où un ange sévère apporte à une jeune femme immobile et grave une nouvelle que nous connaissons tous, à laquelle bien peu continuent de croire, même s'ils en sont encore touchés. Pour moi, cette image restera désormais liée à une autre nouvelle, horrible. À une scène où les anges sont, c'est le moins qu'on puisse dire, invisibles, insaisissables ; où il n'y a même pas de démons (leur présence rassurerait plutôt, à tout prendre) ; seulement de l'obscurité, un coup de fouet dans l'obscurité, une espèce de trou noir, l'innommable qu'on ne comprend pas, l'effondrement dans la nuit. Néanmoins, je vois cette loggia claire (peinte d'ivoire et de rose comme un corps juvénile), ouverte, et le bleu du fond, et le rideau tiré (le linceul vide, en partie replié). Nous ne verrons jamais personne se pencher à l'une ou l'autre de ces étroites fenêtres. Andrea C. (fallait-il encore qu'elle portât un prénom d'Italie ?), telle que nous l'avons connue, aimée, ne sera jamais plus visible à aucune fenêtre, sous aucun ciel de ce monde. (La même chose d'ailleurs sera dite tour à tour de chacun de nous.) Mais je continue étrangement à voir ce bleu qui entre par le côté dans la loggia ouverte, dont elle se remplit comme le ferait un verre. Quelquefois, cela aussi est étrange, on croirait qu'il n'y a pas beaucoup de différence entre le bleu du ciel et les oiseaux qui en sont les habitants.

Il faut faire circuler encore sous ce ciel la coupe heureuse qu'Andrea semblait toujours porter dans ses deux mains hâlées.

N'empêche : où elle est, ce pourrait être pire que de se retrouver tout le temps sous la pluie et dans le brouillard, ce qu'elle détestait, ce pourquoi elle avait rêvé de vivre dans le Sud. Mais ce n'est qu'une façon de dire, je le sais. Une façon de ne pas encore dire qu'elle n'est plus, d'aucune façon, que nos éternelles histoires de pluie et de beau temps ne la concernent plus, ni même nos éternelles histoires de lumière et d'ombre. Nos courses d'un endroit à un autre. Nos dépliements de muscles, nos dérouillements de jointures, de moins en moins faciles, pour, chaque matin, l'étape du matin ; nos inquiétudes, nos consolations, nos colères. On l'a débarrassée une fois pour toutes de ce poids à porter, qu'il soit sombre ou lumineux. Cela s'est fait d'une façon qui donne la nausée ; cela s'accompagne de circonstances qui donnent aussi, autrement, la nausée.

Dans leurs batailles, les hommes d'autrefois portaient des cuirasses ; pas nous (on n'en supporterait même plus le poids). Il y avait aussi pour leur esprit une armure de pensées ; de surcroît, dès l'enfance, on les avait, judicieusement, aguerris.

Notre cuirasse n'a plus que des défauts par lesquels tous les coups portent ; et nos pensées se retourneraient plutôt contre nous comme autant de flèches ou d'épieux.

Une fois de plus, ma pensée se dérobe, se désagrège ; devant cette mort. Comme si toute parole ne pouvait être, ou ne risquait d'être, là devant, que poudre aux yeux ; s'agirait-il de la poudre dorée de l'aube. Pour faire écran, pour masquer, pallier l'insoutenable. (Et dans les degrés du mal, il y a encore pire, on le sait : plus lent, plus détourné, plus ignoble.)

On voudrait pouvoir dire : suis-moi. Je t'ouvre cette porte dérobée. Où je ne puis passer, quant à moi. Je ne sais donc pas sur quoi elle donne. Mais que ce soit un espace où tes bras ne perdraient plus leur hâle. Une espèce d'exil, de captivité dans la lumière.

Deux ébauches

En hommage au poète Pierre Delisle

On a vécu ainsi, vêtu d'un manteau de feuilles ;
puis il se troue et tombe peu à peu en loques.

Là-dessus vient la pluie, inépuisable,
éparpillant les restes du soleil dans la boue.

Laissons cela :
bientôt, nous n'aurons plus besoin que de lumière.

Oui : c'est la lumière qu'il faut à tout prix maintenir. Quand les yeux commencent à n'y plus voir, ou rien que des fantômes, rien que des ombres ou des souvenirs, il faut produire des sons qui la préservent, radieuse, dans l'ouïe. Quand celle-ci défaille, il faut la transmettre par le bout des doigts comme une étincelle ou une chaleur. Il faut essayer de croire que, de ce corps de plus en plus froid et fragile (dont souvent on aimerait mieux se détourner) est en passe de s'enfuir à tire-d'aile une figure invisible dont nos oiseaux familiers, le rouge-gorge, la mésange, ne seraient que les turbulents ou craintifs reflets dans ce monde-ci.

Une fois toute repliée la lumière du monde
   qui nous empêchera d'aimer encore la servante invisible
   commise au soin de ces piles et de ces plis ?

Au col de Larche

S'il y avait, s'il pouvait y avoir encore aujourd'hui une ouverture (un rai de lumière sous la porte cloutée) — et pour une fois je ne perdrai pas un instant à l'obturer de tout ce qui, maintenant et depuis toujours, le met en doute, je ne perdrai pas un instant à louvoyer, à larmoyer —, s'il pouvait y avoir encore quelque chose aujourd'hui comme une ouverture (justement, le col même où j'ai d'abord pensé cela, ayant revécu sans aussitôt m'en rendre compte une joie d'enfance, très lointaine), ce devrait être celle-là pour moi, mieux qu'aucune autre, quand même cela paraîtrait ne vouloir rien dire ; me raccrochant à ce nouveau non-sens, faute de plus probantes raisons.

Ce bondissement, ces bonds des eaux alpestres, des eaux glacées, à la fin du jour, cette chute rieuse, réjouie, ravie, cette dévalée ou dévalade des eaux…

À côté du sentier que nous remontions, essoufflés par la pente, frissonnant un peu, parce que la nuit, rapidement, tombait, était tombée, elles étaient encore claires au point d'être à peine visibles, d'exister à peine pour les yeux, de seulement faire mieux voir, faire briller les schistes du fond…

Rieuses, réjouies, ravies ? C'était, quand j'y resonge, plus caché, plus évasif, plus lointain que cela.

Au-dessus de nous, au-dessus de nos yeux, là où la pente se faisait encore plus abrupte et les obstacles à leur course plus hérissés, de vraies herses de pierre, elles se montraient tout à fait blanches, et plus drues, au point qu'on aurait parfaitement pu les croire, en cette venue de la nuit, une coulée de neige, si la neige n'était du silence amoncelé ; alors qu'elles, elles explosaient, qu'elles tonnaient avec impétuosité, fougueuses, au milieu de ces herbages troués d'antres de marmottes.

Plus haut encore, tout à fait en haut, se dressaient des bastions, des forteresses (il y en avait même une à proprement parler, signalée sur la carte et désertée, à coup sûr, depuis longtemps, comme vides étaient les cimes).

Un paysage héroïque : cela existe aussi. Dans le plus lâche d'entre nous peut subsister un élan qui lui réponde. Même en cette fin de millénaire, on n'est pas absolument tenu de n'accorder de réalité qu'à l'ignoble.

Comment cela pouvait-il sourdre de ces pierres ? De ces masses énormes, graves, immobiles ? (Sans qu'aucun Moïse ne fût visible, près ou loin, à moins que l'une ou l'autre de ces montagnes, cornue, n'en évoquât le souvenir, ou le retour possible.)

Presque une canonnade.

C'est pourquoi rieuses, réjouies, ravies ne convient pas à ces eaux. Fougueuses, violentes (mais non cruelles, non guerrières, en dépit de cette couronne de bastions : ce serait encore trop les rapprocher de nous) ; fraîches, usées par rien, troublées par rien, premières ; le plus étrange étant peut-être qu'elles fussent à la fois l'image du temps le plus rapide (le plus preste, le plus allègre) et hors du temps, ou du moins inaltérées par le temps. Les plus désaltérantes, d'être inaltérées.

Col de Larche, ou de l'Arche, d'où s'envoleraient à grand bruit ces autres colombes, en un temps de fin du monde ; et l'on en serait apaisé.

Et, pour les Italiens, Pas de la Madeleine : comme si c'était de nouveau toute une chevelure qui se dénoue et se déploie, mais pour guérir, cette fois, vos pieds à vous — les pieds de tout voyageur parvenu à ce relais.

Dans un conte de Yeats passe quelque part une ombre chargée d'années, chantonnant : *Je suis belle, je suis belle... Je suis jeune, je suis jeune : regardez-moi, montagnes, regardez-moi, bois périssants, car mon corps brillera comme les eaux blanches quand vous aurez été emportés...*
Ce fragment de chant — saisi au passage, de la façon dont on en surprend d'autres en plus d'un lieu de *La Divine Comédie* — a l'air de dire une

pensée folle ; de dire rapidement, au passage, que le plus bref, le plus rapide survivra même aux montagnes ; et peut-être était-ce une folie assez semblable que j'entendais ici dire à ces eaux ?

On voudrait que ce mot : torrent, fût le dernier mot ; parce qu'à aucun ne convient plus mal l'épithète « dernier ».

Non pas rieuses, ni ravies ; ni guerrières. C'est que, dans ces hauteurs, les juvéniles compagnes, rêvées ou non, il faut bien accepter qu'elles ne soient plus aussi proches ; et leur donner congé, si l'on veut vraiment saisir cette autre proie, sans plus céder à leurs charmes. Il ne s'agit plus du tintement d'un rire. Ni de proies. Cette musique est autre ; cette voix n'est plus une voix.

Je me défens aussi de convoquer les anges, désormais. Le mot vient trop vite aux lèvres, dans ces hauteurs. Ou bien il n'est qu'un souvenir, dans le goût de ces flambeaux anciens qu'on descend du grenier pour orner une fête, une scène de théâtre, et de ces mots de gala dont on croit rehausser, à trop peu de frais, un poème; ou bien, si subsiste là ne serait-ce qu'un peu de substance vraie, l'expérience en doit être trop intense et trop intérieure pour qu'on ne montre pas d'extrêmes scrupules à s'en servir.

Ici, il ne faut pas rêver, ni se perdre en regrets. Rêves et regrets vous distraient, usent le présent, précipitent la fin. De toute manière, il n'en est plus temps.

Et que j'aie été, ce soir-là, mais d'autres fois auparavant de façon plus floue, reporté à des moments d'enfance, dans la montagne, où j'ai aimé jouer au bord des torrents, les franchir, simplement les entendre, de sorte que je pourrais penser que mon étonnement d'aujourd'hui, en rejoignant ceux d'il y a tant d'années sans que j'y sois pour rien, serait le fil scintillant qui manifesterait l'unité et la persévérance de ma vie... cette remontée du temps suffirait-elle à expliquer l'éclat dont brille ce moment récent de ma fable? Est-il si prodigieux, après tout, et si important, de rejoindre son enfance, comme si l'on retrouvait le fil du labyrinthe que l'on aura été ? Est-ce que ce labyrinthe vaut la peine qu'on s'y perde, s'y attarde, s'y retrouve ?

Je ne crois pas, au fond, que ce soit cela qu'a semblé m'avoir dit la parole issue, précipitamment, de la bouche de pierre.

Ces rapides bonds des eaux par-dessus des barrières, noires ou violettes, de schiste.

À quelques pas de ce col où la neige fondante, le lendemain matin, dans le beau soleil du matin, imprégnerait l'herbe épaisse et jaunie des alpages ; et d'où la route vers le Piémont semblerait descendre, en sinuant, dans un cratère de verdure et de lumière mariées.

Je voudrais faire entendre et, moi-même, écouter sans fin cette parole précipitée, cette voix froide, allègre, sonnant sur des peignes, ou des plectres d'ardoise. Telle qu'il n'en est pas de pareille en ce monde.

Torrent : choisi pour dernier mot, quoi qu'il puisse advenir ensuite de celui qui l'aura tracé, du fait même que l'épithète « dernier » ne peut en aucun cas lui convenir. Parce qu'il jaillit, se rue, abonde, comme personne jamais n'aurait imaginé que cela pût se faire à partir de la pierre ; du fond de ces grands tombeaux froids.

(Une blancheur d'effraie envolée dans le commencement de la nuit, à l'approche de la nuit : n'était cette rumeur, bien autre chose qu'un froissement de plumes.)

Cette course presque invisible, qui fait sonner l'ardoise des plectres. Qui produit cette sonorité d'ardoise dans l'imminence de la nuit ; dans ces hauteurs où la nuit est tout de suite très froide.

(Ou comme une bête mince courrait, fuyant Orion, dans un couloir d'herbe épaisse, dallé de schiste.)

(Ou comme, aussi, le passage précipité d'un de ces troupeaux transhumants qu'on a pu voir, il y a déjà longtemps, éclairer vaguement nos nuits.)

Ainsi ce lieu me vêt d'images pures. Je ne veux pas les effacer pour le moment. Passant le col en contrebande, vêtu en colporteur d'images : ce serait trop beau…

Aiguillée d'eau dans l'herbe déchirée.

Fraîcheur. Là pourrait être le secret, le foyer. Prestesse, allégresse.

Je parviens là, enfin : c'est mon « asile d'un instant ». Nul besoin d'aller au-delà. Dans la montagne qui n'est qu'immobilité, gravité, silence, au pied de ces monuments funèbres, je vois, j'écoute quelque chose qui pourrait être le temps courir avec une sorte d'allégresse, en scintillant de loin en loin, mais sans marquer la moindre usure ; sans rien perdre encore, non plus, de sa limpidité. Je le vois, je l'entends qui court, et pourtant on le dirait pareil à l'immobilité du ciel nocturne, même si ses constellations d'eau s'éparpillent trop vite pour qu'on puisse jamais songer à leur donner un nom.

Mais ce n'est pas assez qu'il coure ainsi sans s'user, sans se corrompre, éternellement rapide et jaillissant ; c'est sa fraîcheur, fichée dans le froid de la nuit, de l'altitude, qui vous fait arrêter là, en esprit, pour un instant, pour très longtemps, pour toujours.

Serait-elle par nous, sans qu'on puisse comprendre comment, saisissable, imaginable, approchable — « l'éternité n'est pas autrement fraîche », voilà ce qui semble être dit par le torrent.

Pourtant, que je ne l'oublie pas : ce n'est pas une voix, malgré les apparences ; ce n'est pas une parole ; ce n'est pas « de la poésie »… C'est de l'eau qui bouscule les pierres, et j'y aurai trempé mes mains.

Il ne faut ni orner, ni troubler, ni freiner ce cours.

Que l'on puisse y tremper les mains, et même les lèvres, est rigoureusement vrai. Mais est-il moins rigoureusement vrai que ce n'est pas seulement de l'eau qui dévale de ces montagnes ? N'est-ce pas cela que j'ai cru comprendre ailleurs à propos d'une combe, d'un verger, d'une prairie, quand, les traversant, je me laissais traverser par eux ?

Le torrent parle, si l'on veut ; mais avec sa voix à lui : le bruit de l'eau. Serait-ce donc que, sans m'en être avisé jusqu'ici (l'esprit décidément bien lent, bien obtus), je cherche à dire l'intérieur de ce bruit, de cette course ? L'invisible, en ces eaux, par quoi elles touchent ce que j'aurais en moi d'invisible ?

Torrent : ce qui brûle. Comme si la chose la plus fraîche pouvait être une flamme, un instant, entre deux mondes. Et que le voyageur âgé, se retournant, au moment de passer le col, vers sa déjà lointaine enfance : à peine quelques lambeaux de brume là-bas au fond du val, eût, l'espace d'une seconde, l'illusion de rejoindre plutôt ce qui, encore, l'attendrait.

Après beaucoup d'années

Les événements du monde, depuis des années, autour de nous, proches ou lointains — mais plus rien n'est vraiment lointain, du moins en un sens, si plus rien n'est proche non plus —, l'Histoire : c'est comme si des montagnes au pied desquelles nous vivrions se fissuraient, étaient ébranlées ; qu'ici ou là, même, nous en ayons vu des pans s'écrouler ; comme si la terre allait sombrer.

Or, quant à cela, quant à l'Histoire, nul doute : il s'agit bien — ce qu'on aura vécu — de près d'un siècle de l'Histoire humaine ; une masse considérable, une espèce de montagne, en effet, dont la pensée a du mal à faire le tour, le cœur à soutenir le poids ; et tant de ruines, de cimetières, de camps d'anéantissement qui seraient, de ce siècle, les monuments les plus visibles, d'autres espèces de montagnes, sinistres. Et la pullulation des guerres, la plus ou moins rapide érosion de toute règle, et les conflits acharnés entre règles ennemies. Tout cela multiple, énorme, obsédant, à vous boucher la vue, à rendre l'avenir presque entièrement obscur.

Cela aurait dû, cela devrait changer nos pensées, notre conduite peut-être, on le voit bien. Néanmoins, à tort ou à raison, ce qui fut pour moi, dès l'adolescence, essentiel, l'est resté, intact.

Avec cela, pour qui a tout de même continué à vivre, protégé, au pied de ces montagnes — et pour beaucoup d'entre nous, il n'y a pas eu jusqu'ici davantage que ce pressentiment confus d'une menace de descellement des montagnes, il n'y a pas au monde que du malheur — ces mêmes années, telles qu'on les aura vécues soi-même, à l'intérieur de soi et dans le cadre plus ou moins étroit de son destin : quelle insignifiance, quelle brièveté, une buée ! Comme, au contraire de celle du siècle, l'histoire de notre vie, la seule qui nous soit en partie intérieure, semble infime, dérisoire, à peine réelle ! Vraiment une fumée au pied des montagnes ; et, de ce fait même, à peine commensurable à la masse, au mouvement de celles-ci ; trop infime, méritant à peine qu'on en fasse état, qu'on en tienne compte.

Beaucoup d'années : une masse énorme pour le monde ; pour nous, presque rien. Mais, bien qu'on approche pas à pas de la limite que personne ne franchit — à Gilgamesh, déjà, il y a

188

environ trois mille cinq cents ans, la Tavernière l'a dit : « Depuis les temps les plus reculés / nul n'a jamais franchi cette mer ! » —, persiste en vous, et de ce fait même, du fait de la buée, de la fumée, l'intuition qu'il y a, l'espoir qu'il y ait une autre façon de compter, de peser, une autre mesure du réel dans le rapport qui se crée avec lui dès lors qu'il nous devient, en quelque manière et pour quelque part que ce soit, intérieur.

Beaucoup d'années, si peu d'années et nous autres sans aucun poids, quand le poids du malheur pèse tant. Tout semble si mal réglé, ou les règles si usées, que le pire qui est en chacun de nous — cette violence qui, en même temps, est vie —, de plus en plus souvent, profite de cette dégradation pour remonter du plus bas et, s'alliant au pire qui est en l'autre, en corrompre le meilleur.

Tout cela n'est que trop visible, criant. Tellement exhibé, d'ailleurs, crié si haut que beaucoup s'y habituent, que chacun risque de s'en accommoder. Toutefois, avec ce qui peut vous rester, miraculeusement ou niaisement, de l'autre regard, on voit, on aura vu inopinément, à la dérobée, autre chose. On a commencé à le voir, adolescent ; si, après tant d'années — qui font, vécues, cette durée infime —, on le voit encore, est-ce pour n'avoir pas assez mûri, ou au contraire parce qu'on aurait tout de suite vu juste, de sorte qu'il faudrait inlassablement, jusqu'au bout, y revenir ?

Du moins quiconque écrit ou lit encore ce qu'on appelle de la poésie nourrit-il des intuitions analogues ; tellement intempestives qu'il se prend quelquefois pour un dérisoire survivant.

Ce qui est vu autrement, ce qui est vu, en quelque sorte, de l'intérieur de nous-mêmes, bien que vu au-dehors, semble rejoindre en nous ce que nous avons de plus intime, ou ne se révéler tout entier qu'au plus intime de nous.

Dans cette affaire, toutes les apparences sont contre nous. Il n'y a pour ainsi dire aucun espoir de les prendre en défaut ; sauf, justement, quand certaines d'entre elles pénètrent ainsi en nous et suivent en nous ces beaux chemins.

À la brève rose du ciel d'hiver
on offre ce feu de braises
qui tiendrait presque dans la main.

(« Cela ne veut rien dire », diront-ils,
« cela ne guérit rien,
ne sécherait même pas une larme... »)

Pourtant, voyant cela, pensant cela,
le temps d'à peine le saisir,
d'à peine être saisi,
n'avons-nous pas, sans bouger, fait un pas
au-delà des dernières larmes ?

Tout à la fin de l'hiver
il y a ceci encore de fidèle
autant que les premières fleurs :

une fraîcheur comme de neige très haut dans le
    ciel,
une espèce de bannière
(la seule sous laquelle on accepterait de s'en-
    rôler),

une espèce de fraîche étoffe qui se déplierait
au plus haut, comment dire ?
indubitable ! bien qu'invisible dans le bleu du
    ciel,
aussi sûre que chose au monde que l'on touche.

Je ne sais pas, je ne sais quoi dire
sinon que cela semble, un soir, se déplier très
    haut,

hors de la vue,
même pas se déplier :
être là, être grand ouvert
(ce n'est pas assez ou c'est trop dire,
mais on ne peut ni l'oublier, ni le taire).
Un mouvement de toile, très haut, presque hors
   de ce monde,
qui produirait ici de la fraîcheur
sur votre front.

Ce n'est pas de la neige,
ce n'est pas une bannière blanche ou bleue
ni rien qu'on puisse vraiment déployer :
il n'y a pas de place aussi haut pour rien de tel,
pas même pour la colombe !

Et c'est pourquoi aussi cela pourrait échapper
à toute espèce de chasseur.

(Si les visages de ces ombres qui passent ici
sont pareillement tristes,
serait-ce d'être devenus aveugles à ce qui ne peut
   se voir ?)

Et pour dernier office, enfin :

replier seulement ces pages, ces étoffes
et qu'on n'entende plus, né de ce soin,
qu'un froissement, très loin, de l'air.

Philippe Jaccottet est né à Moudon (Suisse) en 1925. Après des études de lettres à Lausanne, il a vécu quelques années à Paris comme collaborateur des éditions Mermod. À son mariage, en 1953, il s'est installé à Grignan, dans la Drôme.

Philippe Jaccottet a publié de nombreuses traductions, notamment d'Homère, Góngora, Hölderlin, Rilke, Musil, Ungaretti et Mandelstam.

Œuvres :

Aux Éditions Gallimard

L'EFFRAIE ET AUTRES POÉSIES.

L'IGNORANT, poèmes 1952-1956.

ÉLÉMENTS D'UN SONGE, proses.

L'OBSCURITÉ, récit.

AIRS, poèmes 1961-1964.

L'ENTRETIEN DES MUSES, chroniques de poésie.

PAYSAGES AVEC FIGURES ABSENTES, proses.

POÉSIE 1946-1967, choix. Préface de Jean Starobinski.

À LA LUMIÈRE D'HIVER, *précédé de* LEÇONS *et de* CHANTS D'EN BAS, poèmes.

PENSÉES SOUS LES NUAGES, poèmes.

LA SEMAISON, carnets 1954-1979.

À TRAVERS UN VERGER *suivi de* LES CORMORANS *et de* BEAUREGARD, proses.

UNE TRANSACTION SECRÈTE, lectures de poésie.

CAHIER DE VERDURE, proses et poèmes.

APRÈS BEAUCOUP D'ANNÉES, proses et poèmes.

ÉCRITS POUR PAPIER JOURNAL, chroniques 1951-1970.

À LA LUMIÈRE D'HIVER *suivi de* PENSÉES SOUS LES NUAGES, poèmes.

LA SECONDE SEMAISON, carnets 1980-1994.

D'UNE LYRE À CINQ CORDES, traductions 1946-1995.

OBSERVATIONS et autres notes anciennes 1947-1962.

CARNETS 1995-1998 (La Semaison, III).

ET, NÉANMOINS, proses et poésies.

CORRESPONDANCE AVEC GUSTAVE ROUD 1942-1976.
Édition de José-Flore Tappy.

CE PEU DE BRUITS, proses.

CORRESPONDANCE AVEC GIUSEPPE UNGARETTI
1946-1970. *Édition de José-Flore Tappy.*

ŒUVRES, Bibliothèque de la Pléiade (2014).

Chez d'autres éditeurs

LA PROMENADE SOUS LES ARBRES, proses (*Bibliothèque des Arts*).

GUSTAVE ROUD (*Seghers*).

RILKE PAR LUI-MÊME (*Le Seuil*).

LIBRETTO (*La Dogana*).

REQUIEM, poème (*Fata Morgana*).

CRISTAL ET FUMÉE, notes de voyage (*Fata Morgana*).

TOUT N'EST PAS DIT, billets 1956-1964 (*Le Temps qu'il fait*).

HAÏKU, transcriptions (*Fata Morgana*).

NOTES DU RAVIN (*Fata Morgana*).

LE BOL DU PÈLERIN. MORANDI (*La Dogana*).

NUAGES, prose (*Fata Morgana*).

À PARTIR DU MOT RUSSIE, essais (*Fata Morgana*).

TRUINAS : LE 21 AVRIL 2001 (*La Dogana*).

ISRAËL, CAHIER BLEU (*Fata Morgana*).

DE LA POÉSIE, entretiens avec Reynald André Chalard (*Arléa*).

REMARQUES SUR PALÉZIEUX (*Fata Morgana*).

POUR MAURICE CHAPPAZ (*Fata Morgana*).

UN CALME FEU, Liban-Syrie (*Fata Morgana*).

AVEC ANDRÉ DHÔTEL (*Fata Morgana*).

COULEUR DE TERRE (*Fata Morgana*).

LE COMBAT INÉGAL (*La Dogana*).

TACHES DE SOLEIL, OU D'OMBRE : notes sauvegardées, 1952-2005 (*Le Bruit du temps*).

PONGE, PRAIRIES, PÂTURAGES (*Le Bruit du temps*).

CAHIER DE VERDURE

APRÈS BEAUCOUP D'ANNÉES

DU MÊME AUTEUR

Dans la même collection

DERNIÈRES PARUTIONS